I0139853

Contraste insuffisant
NF Z 43-120-14

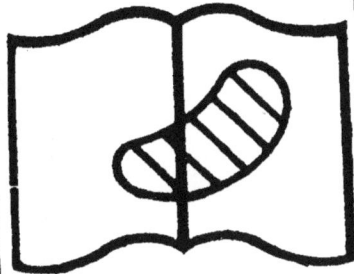

Illisibilité partielle

Valable pour tout ou partie
du document reproduit

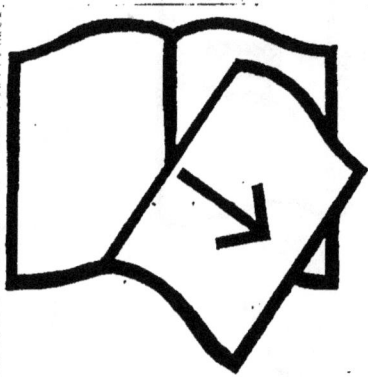

Couverture inférieure manquante

Original en couleur
NF Z 43-120-8

Petit.

LA COLLECTION DE BOURGOGNE

A LA BIBLIOTHÈQUE NATIONALE

BIBLIOTHÈQUE NATIONALE R.14 IMPRIMÉS

PAR

ERNEST PETIT

PRÉSIDENT DE LA SOCIÉTÉ DES SCIENCES HISTORIQUES ET NATURELLES DE L'YONNE
MEMBRE DU CONSEIL ACADÉMIQUE DE DIJON
CONSEILLER GÉNÉRAL DE L'YONNE

DIJON
IMPRIMERIE DARANTIERE
65, RUE CHABOT-CHARNY, 65

—

1896

(10)

LA

COLLECTION DE BOURGOGNE

À LA BIBLIOTHÈQUE NATIONALE

1*

Extrait du tome V, nouvelle série des Mémoires de l'Académie de Dijon.

———

TIRÉ A

100 exemplaires sur papier ordinaire.
3 — sur papier de Hollande.

LA COLLECTION

DE BOURGOGNE

A LA BIBLIOTHÈQUE NATIONALE

PAR

ERNEST PETIT

PRÉSIDENT DE LA SOCIÉTÉ DES SCIENCES HISTORIQUES ET NATURELLES DE L'YONNE
MEMBRE DU CONSEIL ACADÉMIQUE DE DIJON
CONSEILLER GÉNÉRAL DE L'YONNE

BIBLIOTHÈQUE ROYALE
DON
DELISLE BURNOUF
N°
IMPRIMÉS

DIJON
IMPRIMERIE DARANTIERE
65, RUE CHABOT-CHARNY, 65

—

1896

COLLECTION DE BOURGOGNE

A LA BIBLIOTHÈQUE NATIONALE

———

PRÉFACE

En commençant un inventaire des richesses que contiennent les Bibliothèques de Paris, et principalement la bibliothèque nationale, sur la Bourgogne, il est naturel de prendre d'abord le fonds qui porte le nom de la province, et dont l'administration a déjà publié une très succincte analyse à la tête des collections historiques.

Ce fonds n'est pas l'un des plus riches en documents originaux, mais il ne faudrait pas le considérer comme une quantité négligeable, car certaines compilations qu'il contient sont des plus précieuses, et présentent d'autant plus d'intérêt que les originaux n'existent plus. On essaiera, le cas échéant, d'indiquer l'importance de ces documents.

Le présent inventaire est fait pour mon usage personnel, mais il est à croire que sa publication pourrait être utile, sinon indispensable, aux travailleurs qui s'occupent de l'histoire de la province et de nos ducs de Bourgogne.

Dans l'état actuel, la collection de Bourgogne se compose de cent vingt-neuf volumes.

Les 74 premiers volumes, provenant des papiers
de dom Plancher, avaient été recueillis par dom Villevieille, et furent achetés par la Bibliothèque, en
1811.

Les n°s 75 à 90, comprenant seize volumes, com-
prennent des chartes originales de l'abbaye de
Cluni recueillies à diverses époques (1).

Les n°s 91 à 111, c'est-à-dire vingt et un volumes,
sont en partie de la main de dom Guillaume Aubrée,
et ne représentent vraisemblablement qu'une partie
des travaux de ce savant, qui, pendant de longues
années, étudia les archives de la province, fut, en
1711, associé aux travaux de la congrégation de
Saint-Maur, puis chargé de diverses missions par la
chancellerie, en 1716. C'est en 1743 que ses papiers
furent mis sous le sequestre, et ensuite déposés à
la Bibliothèque nationale.

Les n°s 111 à 129, c'est-à-dire dix-huit volumes,
contiennent des documents relatifs à la Franche-
Comté, les uns en originaux, les autres en copies
anciennes. Ce lot intéressant a été généreusement
donné à la Bibliothèque par notre ami Bernard
Prost, sous-chef de bureau des Archives au minis-
tère de l'Instruction publique, dont le nom est bien
connu des érudits.

Les dossiers provenant de dom Plancher ont été
reliés en 1854 en demi.-rel. de chagrin rouge, et
sont de format in-fol. ou in-4°.

(1) Le catalogue en a été publié par M. Léopold Delisle, dans
l'*Inventaire des manuscrits de la Bibliothèque nationale, Fonds
de Cluni*, p. 253-281. Les chartes ont été publiées par M. Bruel
dans son *Cartulaire de Cluni*; nous n'avons donc pas à nous en
occuper.

Les manuscrits de dom Aubrée ont gardé leur reliure primitive en parchemin, et varient depuis le format petit in-4° jusqu'à l'in-fol.

Les documents légués par Bernard Prost ont été reliés l'année dernière en dem.-rel. parchemin.

L'ensemble de ces matériaux se compose d'un nombre considérable de pièces écrites de toutes mains, et émanant de tous les travailleurs des siècles derniers désireux d'étudier notre histoire provinciale.

En dehors de certains compilateurs travaillant pour une monographie spéciale, comme dom Lanthenas ou Thomas Leroy, qui ont réuni des documents sur l'abbaye de Saint-Bénigne, dont ils étaient religieux ; comme dom Simon Briot et dom Denis Moyenne (1) qui ont fait l'historique de l'abbaye de Molême, et nombre d'autres que l'on pourrait citer, plusieurs de ces infatigables travailleurs ont beaucoup étendu le cadre de leurs recherches.

Dom Urbain Plancher a surtout profité des compilations de ses devanciers. Les deux premiers volumes de l'*Histoire de Bourgogne* ont été composés par lui. Dom Alexis Sallazard a très activement collaboré au troisième volume, et les matériaux recueillis par ce bénédictin sur les ducs de Bourgogne de la seconde race, c'est-à-dire sur les XIV° et XV° siècles sont des plus considérables. Ils sont même d'autant plus précieux, que les originaux, dont il avait pris copie, n'existent plus pour la plupart dans les

(1) Les travaux de ce dernier savant se retrouvent dans la collection de Champagne.

archives de la Chambre des Comptes de Dijon. On
n'y retrouve plus les comptes analysés par lui, et
nombre de pièces dont il avait pris un extrait à dé-
faut d'une reproduction intégrale. Comment ont pu
disparaître ces originaux, c'est ce que nous ne nous
chargeons pas d'expliquer.

Un autre copiste non moins tenace fut dom Guillaume Aubrée, auquel on doit les *Mémoires pour
servir à l'histoire de France et de Bourgogne*, Paris,
1729, ouvrage longtemps attribué à l'abbé des Salles
par les uns, à de la Barre par d'autres. On n'en sau-
rait douter puisque le manuscrit raturé d'Aubrée
se trouve cité dans le présent inventaire. D'ailleurs,
voici la note que contiennent les papiers de Le Dran,
premier commis du dépôt des affaires étrangères,
chargé de la saisie des manuscrits. Elle confirme ce
que nous avançons plus haut, c'est-à-dire que nous
ne possédons que la moindre partie des matériaux
amassés par Guillaume Aubrée, bien que nous
devons encore signaler dans d'autres fonds des
manuscrits de ce travailleur.

« L'éditeur des *Mémoires pour servir à l'Histoire
de France et de Bourgogne*, Paris, 1729, in-4, se
faisoit appeler M. l'abbé des Salles. Son véritable
nom étoit Guillaume Aubrée, bourguignon, il avoit
été de la congrégation de Saint-Maur, et avoit ob-
tenu un bref de translation. Il avoit été employé avec
dom Plancher à ramasser des pièces pour composer
l'Histoire de Bourgogne. Par la mort de l'abbé des
Salles, arrivée vers 1730, on trouva chez lui près de
cent volumes remplis de pièces sur la Bourgogne,
écrites de sa main avec beaucoup d'exactitude.

M. Chauvelin les fit porter au dépôt des affaires étrangères où ils sont encore sur le plancher, sans qu'on y ait touché depuis. Ces manuscrits ne sont point de nature à être dans ce dépôt où l'on n'en fera jamais usage ; leur véritable place est à la Bibliothèque du roy. »

Les travailleurs que nous venons de citer ont aussi recueilli quelques-uns des manuscrits d'Etienne Pérard. Nous n'avons garde de les omettre dans l'inventaire.

Voici deux lettres originales de nos deux plus grands compilateurs bourguignons, dom Guillaume Aubrée et dom Alexis Sallazard. Les cherchours familiarisés avec leur écriture feront bien de ne pas laisser leurs manuscrits inaperçus.

LETTRE DE GUILLAUME AUBRÉE A MONTFAUCON, RELIGIEUX
DE SAINT-GERMAIN-DES-PRÉS, S. D.

Mon révérend Père,

J'envoie à votre révérence une inscription qui a été trouvée depuis quelque temps dans un champ hors de l'ancienne enceinte de la ville d'Autun. La pierre sur laquelle elle est gravée est de près de trois pieds et demi de hauteur et deux de largeur, j'ay lu dans le Trévoux une espèce de dissertation sur ces mots *sub ascia dedicavit*. L'auteur prétend que les tombeaux sur lesquels on trouve gravés ces mots : *sub ascia dedicavit* ne sont que des gens du commun parce qu'ils ne sont que blanchis. Mais je ne sais si on peut dire la même chose de ce tombeau qui est assurément d'une personne de distinction. Je prie instamment votre révérence de me dire tout son sentiment sur cette inscription car il y a bien des mots que je n'entends pas comme *secundus et hibernalis liberti*, et *II. Red.*

J'ai quelques médailles surtout une Nerva sur le revers de laquelle sont ces mots *Fortuna Augusti.* L'autre est de Geta sur laquelle on lit : *J. Sept. Geta. Cas. Pont* et sur le revers *Nobilitas*, elle est fort bien frappée et d'argent. Que si elles peuvent entrer dans son riche médailler, je les lui enverrai par la première commodité avec quelques autres. Je suis avec respect

Mon Révérend Père

Votre très humble et très obéissant serviteur

F. Guillaume AUBRÉE.

m. b.

Si votre Révérence me fait l'honneur de m'écrire que ce soit à Corbigny près Nevers.

Vers 1717.

Bibl. nat. fr. 17702, fol. 62.

———————

LETTRE DE DOM ALEXIS SALAZARD, CONTINUATEUR DE L'HISTOIRE DE BOURGOGNE, A DOM PRÉCIEUX, CONTINUATEUR DU RECUEIL DES HISTORIENS DE FRANCE.

Dijon, ce 15 décembre 1762.

Mon révérend Père,

Vous me flattez infiniment et me rendez tout à la fois une vraie justice en me disant que vous me croiés assez votre ami pour vous assurer que je vous ferai volontiers part de tout ce que je peux avoir pour enrichir votre ouvrage. Non seulement mais je pense moi même que je dois m'en faire un honneur et un devoir étroit à tous égards. C'est dans la vue de le remplir de mon mieux que je vous envoie avec tout l'empressement possible le petit mémoire que m'a adressé aujourd'hui M. de Fontette. Vous verrez par là que

Planche(s) en 2 prises de vue

Le Zacharie Bougain. 62
présente ses très humbles Respects
à votre Révérence

P.C.

Mon Reverend Pere

J'envoie à vôtre Reverence une Inscription qui a eté trouvée
depuis quelque temps dans un Champ hors l'ancienne enceinte dela
ville d'Autun. La Pierre sur laquelle elle est gravée et de grais —
a trois pieds et demi de hauteur et deux de largeur. J'ay lû dans
le Trevoux une espece de dissertation sur ces mots sub ascia dedicavit
l'Auteur prétend que les tombeaux sur lesquels ont trouve graver
ces mots sub ascia dedicavit ne sont que des gens du commun
parcequ'ils ne sont que blanchis. mais je ne sai si on peut dire la
même chose de ce tombeau qui est assurément d'une personne de
distinction. Je prie instament votre Rce de me dire son sentiment
sur cette inscription car il y a bien des mots que je n'entends pas, comme
Secundus et hibernalis Liberti, et 11. Rd
J'ai quelques medailles sur tout un Nerva sur le revers de laquelle

sont ces mots Fortuna Augusti. l'autre est de Geta sur laquelle
on lit J. Sept. Geta Cas. Pont. et sur le revers Nobilitas et il est

...nalis et ribernales libenti, et LL. Sca

J'ai quelques medailles sur tout un Nerva sur le revers de laquelle

Sont ces mots Fortuna Augusti. l'autre est de Geta sur laquelle
on lit J. Sept. Geta Cæs. Pont. et sur le revers Nobilitas elle est
fort bien frappée et d'argent que J'elles peuvent entrer dans son
riche medaillier Je les Sui enverrai par la premiere commodité
avec quelques autres. Je suis avec respect

Mon R.d pere

Votre tres humble et tres
obeissant Serviteur
T. Guillaume Aubrée

Q. Secund. Quigonis Civis Treveri IIII I vir —
Augustalis in Aeduis consistentis omnib honorib —
inter eos functi Quigonis Secundus et Ribernalis Libenti,
et I I L. d. Patrono optimo Sub ascia dedicav

L. D. C. X. A. D.

Imp. Aron

Lettre de D. Alexis Palazard, continuateur de l'histoire de Bourgogne
à D. gracieux, continuateur du Recueil des historiens de [...]

Mon Reverend Père,

Vous m'aurez infiniment en me rendant tous à la fois une vraie justice en me disant
que vous me croyez assez votre ami pour vous assurer que je vous ferai volontiers part
de tout ce que je pourrai avoir pour enrichir votre ouvrage. non seulement mais je pense
moi même que je dois m'en faire un honneur et un devoir à voir à tous égards. C'est dans
le vue de le remplir de mon mieux que je vous envoye avec tous l'emprsseur possible
ce [...] que m'a adressé aujourd'hui Mr. de Fontette. vous verrez par sa lettre
je n'ay pas tardé à me donner l'honneur de la voir de votre part, et qu'il ne vous a pas oublié.
je croirois qu'il faudroit plus de temps à vous écrire, parcequ'il m'avoit demandé huit ou dix
jours pour cela de répit, attendu son désir et pour raison que son supplément que vous
demandez, lequel est dans trois portefeuilles, n'est point encore ici ordre en tout se trouve
que sur des feuilles volantes toutes détachées. je me propose de voir l'anniversaire des
[...] de Mr. à Bourbonne au premier jour. je chercherai au même tems dans mes
recueils en si je suis assez heureux que de trouver quelque chose que je juge mériter
votre attention, sois persuadé que je ne manquerai pas à vous le faire tenir conformément
à vos ordres et à vos souhaits le plutôt possible. en attendant, je vous prie de faire
l'amitié en la grace tout en suite de recevoir ici mes vœux de la bonne année en
les assurances de l'entière estime et du parfait respect et sincère dévouement
dans lequel j'ay l'honneur de me dire avec une foi vive et de tout le cœur,

Mon Reverend Père,

votre très humble et très obeissant
serviteur en affectionné Confrere
fr. Alexis Palazard

je n'ai pas tardé à me donner l'honneur de le voir de votre
part, et qu'il ne vous a pas oublié. Je croiois qu'il seroit
plus de tems à vous servir, parce qu'il m'avoit demandé
pour cela huit ou dix jours de répit, attendu, me disoit-il,
pour raison que son supplément que vous demandez, lequel
est dans trois portefeuilles, n'estoit pas encore en ordre et
ne se trouvoit que sur des feuilles volantes toutes détachées.
Je me propose de voir l'inventaire des mss. de M. de Bourbonne au premier jour. Je chercherai en même tems dans
mes recueils et si je suis assez heureux que de rencontrer
quelque chose qui puisse mériter votre attention, soyez persuadé que je ne manquerai pas à vous le faire tenir conformément à vos ordres et à vos souhaits le plutôt possible.

                                   Fr. Alexis SALAZARD.
                                        m. b.

Bibl. nat. f. fr. 12804, fol. 288.

COLLECTION DE BOURGOGNE

Tome I. — église d'autun

Fol. 5-135. — Mémoires par forme d'extraits tirés
des archives de l'évéché d'Autun pour le spirituel.
Bulles de papes, fondations, lettres patentes, transactions, accords. Chapitres de Thil, Nuits, Semur-
en-Brionnais, Saint-Lazare d'Avallon, Bourbon-Lan-
cy, Montréal, etc. Notes sur les abbayes de Fontenay, Vézelay, Ogny, Marcilly, Lieu-Dieu, Reigny,
Flavigny, Saint-Andoche d'Autun. Visites. Alise-
Sainte-Reine; union et désunion de la cure d'A-
lise et chapelle de Sainte-Reine, hôpital d'Alise,
droits de justice de l'évéché d'Autun. Officiers de
l'évéché. Hommages, dénombrements, ventes. Chà-
tellenies de Glanes, Lucenay-l'Evêque, Saulieu,
Thoisy, Touillon. Terriers, cartulaires et registres.

[Ces analyses assez sommaires, ne contenant pas de copies in-extenso, sont de la main de dom Plancher].

Fol. 136, copie d'un diplôme de Louis le Dé-
bonnaire en 815 pour l'église d'Autun; — fol. 138-
139, copie d'un diplôme de Charles le Chauve, en
844; — fol. 140-141, diplôme du même en 854; —
fol. 142-143, donation faite par l'évêque Jonas à
l'église d'Autun, 858, copies; — fol. 145, diplôme
de Charles le Chauve en faveur de la même église,

860, copie ; — fol. 146, autre diplôme du même, en 877 ; — fol. 148, copie de pièce de l'an 885 ; — fol. 150, copie de pièce de 892 ; — fol. 151, pièce de 918 ; — fol. 154, diplôme de l'an 900 ; — fol. 155, diplôme de 879 ; — fol. 156, de l'an 925 ; —fol. 158, de l'an 918 ; — fol. 159, bulle de 925 ; — fol. 160, pièce de 921 ; —fol. 161-198, pièces diverses copiées in-extenso et de différentes mains.

Fol. 199-209. Extraits du cartul. d'Autun, chartes relatives à la châtellenie de Glanes et des fiefs qui en dépendent [*écriture de dom Plancher*]; — fol. 211-333, copies de pièces relatives aux monastères et aux églises de l'évêché d'Autun [*de diverses écritures*]; — fol. 334-362, extr. d'un cartul. de l'évêché d'Autun, écrit de 1440 à 1483 ; — fol. 365-406, extr. d'un cartul. en velin écrit par ordre de Jean Rolin, évêque d'Autun, puis cardinal en 1448 ; — fol. 411-484, pièces et copies diverses; — fol. 485-487, coutumes observées lors de la réception de l'évêque d'Autun dans son église (latin).

[Une table de l'extrait des archives de l'évêché d'Autun termine ce volume, dont les documents perdent de l'intérèt, depuis les publications des cartulaires originaux faites par les soins de M. de Charmasse, l'un des membres les plus actifs de la *Société Eduenne*].

TOME II. — DIOCÈSE D'AUTUN; ÉGLISES ET ABBAYES

Fol. 2-4. Catalogue des évêques d'Autun ; — fol. 5-8, extr. de la main de dom Plancher; — fol. 9-104, extr. et copies diverses relatives aux évêques d'Autun ; — fol. 105-118, fondation de l'église Saint-

Lazare d'Avallon, par Forestier, chanoine de cette
église; — fol. 119, curieuse lettre aut. du président
Bouhier au sujet des reliques de saint Lazare; —
fol. 120-126, lettre à M. de Tillemont sur les reliques de saint Lazare [*de la main de Bocquillot*]; —
fol. 128-133, mémoires concernant l'église, le prieuré
et le chapitre de N.-D. de Semur-en-Auxois, 1751;
— fol. 134 et suiv., mémoires imprimés à ce sujet;
— fol. 137-142, monastères associés à Saint-Martin
d'Autun, Moutier-Saint-Jean; — fol. 145-154, notes
informes sur Corbigny, Saint-Martin d'Autun; — fol.
155, plan par terre de l'ancienne église de Flavigny,
dessin lavé.

Fol. 157. Mausolée dans l'église de Flavigny,
XIIIe s., abbé couché tenant sa crosse, au-dessous
et au-dessus personnages divers sous une arcade
trilobée, mauvais dessin lavé et non achevé; — fol.
159, tombe de Jean Coutier, seigneur de Souhey,
1455; écusson; de Jacotte, femme de Jean Coutier,
fille de Jean Languet, de Sombernon, 14...; — fol.
160, tombe avec écussons, sans personnage, de Jean-
François Coutier, fils de Jean Coutier, seigneur du
chastel de Bournay et de Sonnotte, et de Rose-Anna
de Pontailler, 1630; — fol. 161, tombe avec écus
(sans personnage) de Philibert Coutier, seigneur de
Souhey, décédé le 1er mai 1584; — fol. 163, épitaphe de Quentin Ménard, de Flavigny, archevêque de Besançon, décédé le 18 décembre 1462; —
fol. 164-206, notes informes relatives à Flavigny,
Vézelay, Saint-Jean d'Autun, Moutier-Saint-Jean;
— fol. 207, inventaire des livres et ornements de
Saint-Jean d'Autun.

Fol. 213. Recueil de ce qui s'est passé en la mala-
die de feue révérende dame mère Antoinette d'Es-
trades, dite de Saint-François, coadjutrice de l'abbaye royale de Sainte-Marie de Saint-Jean-le-Grand
d'Autun (mémoire assez singulier qui paraît écrit
par une religieuse); — fol. 224, portail de l'église
de l'abbaye de Fontenay, dessin lavé fin XVIIᵉ s. [la
façade était précédée dans toute la longueur d'un
porche qui n'existe plus depuis longtemps]; — fol.
225, pilier de la nef de l'église de Fontenay, dessin lavé; — fol. 226, arcade du cloître de Fontenay, dessin lavé; — fol. 227, tombe de Mile de Frolois, chevalier en prières, l'épée à côté de lui, les
pieds sur un chien; — fol. 228, tombe d'Erard
de Norvick, évêque, les mains croisées tenant une
crosse; — fol. 229, tombe de Jean, chevalier, seigneur de Frolois, chevalier debout en prières, écu;
— fol. 230-232, autres épitaphes de l'abbaye de Fontenay; — fol. 234-235, mauvais dessins lavés de
deux tombes de la Bussière [on en trouve ailleurs
de meilleurs dessins]; — fol. 237, fondation de
Saint-Vivant de Vergy, 868, copie, papier; — fol.
238-239, notes tirées du terrier de Saint-Jean de
Semur-en-Auxois.

[Disons une fois pour toutes que nous avons pris copie de
toutes les tombes, sauf quand nous avons retrouvé de meilleurs dessins dans d'autres fonds].

TOME III. — ÉVÊCHÉ D'AUXERRE

Fol. 2-43, copies de chartes, tirées des cartulaires
de l'évêché et de ceux de Saint-Germain (*écriture
de dom Plancher*); — fol. 44-53, copies de pièces

pour les monastères des Isles, de Celles, des Pre-
montrés, pour le chapitre d'Auxerre, l'abbaye de
Saint-Germain (dom Plancher); — fol. 54, extr. de
la chronique de Saint-Germain d'Auxerre, par Vic-
tor Cotron, religieux de la même abbaye, catalogue
des abbés, des saints, prieurés et chapelles qui en
dépendent, des personnes illustres qui y furent en-
terrées, avec quelques épitaphes, deux notes sur
l'incendie d'Auxerre en 1023 et 1035, dont le premier est attribué au roi Robert : « lors fu par le
commandement le roi Robert la cité toute arse fors
sans plus l'église Saint-Alban » et en 1035 « lors resta
la cité toute arse fors sans plus la neuve euvre qui
n'y fut mal mise », c'est-à-dire la cathédrale bâtie
par l'évêque Hugues de Chalon, d'après l'auteur
d'une vieille chronique auxerroise rapportée dans
le premier volume de dom Viole (*écriture de dom
Plancher*); — fol. 64-81, nécrologe de Saint-Etienne
d'Auxerre; — fol. 82-101, pièces sur le collège d'Auxerre, le collège des Bons-Enfants, réception de
Pierre de Broc, évêque d'Auxerre, 1640; procession
générale à Pontigny, 1644; remaniements de tombeaux dans les cryptes, 1635; charte d'Hugues de
Noyers, évêque, approuvant une donation à l'abbaye de Crisenon par Agnès, sœur de Bureau de
la Rivière et femme de Damien de Mailly, 1200?
quelques épitaphes (*écriture de dom Plancher*); —
fol. 102-105, inventaire des titres de Saint-Julien
d'Auxerre, description de l'église de Saint-Germain,
du grand hôpital de Saint-Amatre, de Saint-Julien,
par dom Plancher et de sa main; — fol. 106-111,
catalogue des officiers du bailliage d'Auxerre; —

2*

fol. 112-124, dignités, offices et prébendes de l'église
d'Auxerre; — fol. 125-147, statuts de l'église d'Auxerre, d'après un mss. du XVᵉ s. étant à Saint-Germain; — fol. 150, jugement rendu par saint Bernard
sur les différends entre l'évêque d'Auxerre et le comte
d'Auxerre et de Nevers, 1145, copie; — fol. 152,
diplôme du roi Charles, 1314; — fol. 156-160, testament de l'évêque Jacques Amyot et quelques notes
sur lui; — fol. 161, vue de l'église souterraine de
la cathédrale d'Auxerre, bâtie avant 1038 et depuis
1023, dessin grand in-fol. lavé; — fol. 162, autre
dessin de cette même église, grand in-fol. à la sanguine; — fol. 163, chapelle de la Trinité dans le
fond du rond-point de l'église souterraine de la cathédrale d'Auxerre, grand in-fol. sanguine; — fol.
164, portail de la cathédrale d'Auxerre, gravé, tiré
du *Breviarium Autissiodorense* de 1670; — fol.
165-166, notes sur la cathédrale; — fol. 167-168,
épitaphe de Saint Lazare d'Avallon, d'Hercule de
Chastellux, de Pierre Odebert, de Loys Odebert,
chanoine et principal du collège d'Avallon, décédé
le 5 avril 1532; — fol. 170-171, établissement des
dames de la Providence à Auxerre, 1678; — fol.
172-175, catalogue des châsses et reliquaires con-
servés dans les églises de la ville d'Auxerre en cette
présente année 1725 [*de l'écriture de l'abbé Lebeuf*]; — fol. 176-181, quelques épitaphes auxer-
roises [je les ai calquées].

Fol. 182-190. Épitaphes de la cathédrale, de Saint-
Germain, de Saint-Marien, de Saint-Eusèbe, de
Saint-Julien, aux Jacobins, aux Cordeliers (*écriture
de dom Plancher*) [à comparer avec soin].

Fol. 191-209. Pièces diverses du XVIIe s.

Fol. 210-242. Notices sur les abbés de Saint-Germain (*écriture de dom Aubrée*); — fol. 249, restes de l'église de Saint-Germain en dehors, gr. planche in-fol. maximo, très curieuse, dessin lavé; — fol. 250, anc. arcades de Saint-Germain, dessin lavé; — fol. 251, arcades du dehors, dessin lavé; — fol. 252, ancienne tour de Saint-Maurice, à Saint-Germain, dessin lavé; — fol. 253, portique de Saint-Germain d'Auxerre, très curieux dessin lavé; — fol. 254, détails du portail de Saint-Germain, grand in-fol. sanguine (curieux).

Fol. 256-258. Description des cryptes de Saint-Germain et des tombeaux qui s'y trouvent; — fol. 259, plan géométral des grottes de Saint-Germain-d'Auxerre, dessin lavé et en couleur, détails des colonnes des grottes; dessins des tombeaux de saint Héribalde, abbé de Saint-Germain, puis évêque; tombes de saint Marien, de saint Germain, évêque d'Auxerre (à prendre).

Fol. 261-262. Épitaphes des grottes de Saint-Germain, dont quelques-unes reproduites en dessin sont à copier; — fol. 269-287, copie de la visite des religieux de Saint-Germain par Mgr Seguin, évêque d'Auxerre; — fol. 288-289, procès-verbal d'un miracle arrivé dans les grottes de Saint-Germain, en 1663; — fol. 290-293, procès-verbal des sépultures trouvées à Auxerre, en 1664 [pièce signée par Noël d'Amy].

Fol. 294-295. Copie du procès-verbal fait à l'occasion du miracle arrivé au tombeau de saint Marien en la personne de Claude Éjame, tailleur de

pierres, en 1636 ; — fol. 296-297, catalogue des mss.
de Saint-Germain ; — fol. 298-299, mss. de l'abbaye
de Saint-Marien d'Auxerre [*écriture de l'abbé Lebeuf*]; — fol. 300, restes de l'ancienne église de
Saint-Julien, au seizième siècle, gr. in-fol. dessin
lavé; — fol. 301, constatation des religieuses béné-
dictines de Saint-Julien ; — fol. 314, abrégé chronologique de l'abbaye de Notre-Dame des Isles
autrement de Celles ; — fol. 322, catalogue des abbesses de Saint-Julien ; — fol. 327, de l'abbaye de
Saint-Martin d'Auxerre ; — fol. 328, armes qui
sont sur le frontispice de l'église des Isles, 9 blasons
bien dessinés et lavés.

Fol. 329. Dessin d'une tombe de prélat, de
Guillaume, évêque de Paris (à la plume) ; — fol. 330,
copie d'une charte de 1134, relative à la fondation
de Crisenon par Gui de Chatel-Censoir, abbé de Molesmes ; — fol. 332, 250 pièces relatives à l'abbaye
de Crisenon.

[M. Molard, vice-président de la *Société des sciences
historiques et naturelles de l'Yonne*, qui a eu ce volume
en communication, a publié dans le Bulletin de cette Société
le catalogue des manuscrits de Saint-Marien, par l'abbé
Lebeuf].

TOME IV. — ÉVÊCHÉS DE BESANÇON, LYON, CHALON ET MACON

Fol. 2. Copie de chartes sur le diocèse de Besançon ; — fol. 6, mémoires pour servir à une dissertation sur l'année que saint Colomban vint en France
et mourut en Italie ; — fol. 15, tombe de Guillemette
de Baudricourt, dame d'Arc-sur-Tille, femme de

Guillaume de Saulx, 1515, dans l'église d'Arc, dessin lavé (passable) ; — fol. 16, tombeau des Vergy et Mont-Saint-Jean à Citeaux, bon dessin lavé (à prendre) ; — fol. 17, mausolée du cardinal Robert, mort en 1305, d'abord abbé de Pontigny, puis de Citeaux et enfin cardinal, dans le sanctuaire de Citeaux, grand et très bon dessin lavé ; gr. in-fol. (à prendre) ; — fol. 18, tombeau du bienheureux Alain, surnommé le *docteur universel*, dans le cloître de Citeaux, assez bon dessin lavé (à prendre) ; — fol. 19, tombeau de Philippe Pot, vu d'un seul côté, dessin lavé ; — fol. 20, armes et écussons qui sont sur le tombeau de Philippe Pot, dessin à la plume.

Fol. 21. Tombeau de Guy de Rochefort, chancelier de France et de Marie Chambellan (1507), très beau dessin lavé (à prendre et à comparer avec celui des estampes) ; — fol. 22-77, copies de chartes anciennes pour les diocèses de Chalon et de Mâcon tirées de divers monastères.

TOME V. —ARCHIVES DE L'ARCHEVÊCHÉ DE BESANÇON .

Fol. 2. — Table des lettres et caractères des enchâtres du trésor des archives de l'archevêché de Besançon, vol. de 781 fol., avec une table de 34 fol. ; — fol. 1-22, suite des archevêques ; — fol. 23, juridiction spirituelle ; — fol. 47, procès-verbaux de visites ; — fol. 59, actes des archevêques ; — fol. 73, actes de présentations ; — fol. 101, diplômes, lettres patentes des investitures et privilèges accordés aux archevêques de l'église de Besançon ; — fol. 129, droit de faire battre monnaie pour les

archevêques dans l'étendue de leur diocèse ; — fol.
177, offices ecclésiastiques et laïcs mouvant du fief
de l'archevêché ; — fol. 293, hommages, aveux et
dénombrements des fiefs des comtes de Bourgogne, des seigneurs de Nyons et des abbesses de
Remiremont; — fol. 315, hommages, aveux et dénombrements du fief de Montfaucon ; — fol. 339,
autres dénombrements de divers lieux mouvant
immédiatement de l'archevêché; — fol. 405, ren-
tiers, manuels, droits utiles à Besançon ; — fol.
419, titres, actes et registres des droits appartenant aux seigneurs archevêques à Brégilles ; — fol.
477, titres concernant les biens et droits utiles appartenant aux archevêques; — fol. 523, actes relatifs à Gy, comptes et actes de cette seigneurie; —
fol. 677, titres de la seigneurie de Mandeurre,
Etalante, Noroy; — fol. 787, titres et actes concernant le clergé du diocèse.

TOME VI. — CARTULAIRE DE L'ÉVÊCHÉ DE CHALON

Copie de titres provenant de ce cartulaire. — De
diverses mains, quelques-uns de l'écriture de dom
Plancher. — A la fin table des matières, vol. de 307
fol. in-4.

TOME VII. — CARTULAIRE DE SAINT-VINCENT DE CHALON

Copie de titres de diverses écritures, quelques-
unes de dom Plancher. — A la fin, table des matières ; 333 fol. in-4.

TOME VIII. — CARTULAIRE DE L'ÉVÊCHÉ DE LANGRES

Fol. 1-169. Copie du cartul. de Langres de la
bibl. de Bouhier ; — fol. 170 à 289, copie du cartul.
de l'église de Langres, écrit en 1329 ; — fol. 290-
437. Cartulare privilegiorum donationum et fun-
dationum ecclesie cathedralis sancti Mamertis Lin-
gonensis ; — fol. 438-468, évêques de Langres
et leurs dignitaires, copie du XVIᵉ ou XVIIᵉ s. ; —
fol. 469 et suiv., table des matières, en tout 482
fol., vol. in-fol.

TOME IX.

Titres pour les abbayes de Moutier-Saint-Jean,
Saint-Seine, Val-des-Choux, Rougemont, etc. Tom-
bes et dessins des tombes des R. P. Cordeliers de
Dijon, de Amiot, damoiseau, de Blaisy, de Barthé-
lemy et Hector Joly, conseillers du roi ; de Gaucher
Brocard, 1505 ; de Jeanne de Chargey ; de Jean de
Fontaines, 1297 ; d'Huguenin de Fontaines, 1334 ;
d'Hugues Fournier, 1525 ; de Zacharie Joly, 1586 ;
de Georges Joly, 1679 ; de Jean d'Amboise, évêque
de Langres ; de Jean de Vergy, 1426, en l'église de
Champlitte ; de Claude de Vergy, 1560 ; de Gui de
Proingy, 1316 ; d'Anne de Saulx, dame de Beire,
1573 ; de Prosper Bauyn, 1688 ; des Fevret, des
Bouhier, des Legoux, des Guillaume, de Gaspard de
Saulx-Tavannes, 1573 ; de Claude Fremyot, 1670 ;
de Gaspard Quarré d'Aligny, 1659 ; de Jérome de
Saumaise, 1614 ; des de la Mare, David, Justot , du

sire de Mello, à Epoisses ; des d'Ancienville-Bour-
dillon, de Jean de Vergy, 1318 ; de Marguerite de
Vergy, et de son frère Pierre, 1411 ; des Saulx-
Vantoux ; d'Henri de Saulx, des de Beire, 1489 ; de
Guillaume de Pontailler-Talmay, 1470 ; d'Isabeau de
Saulx, dame de Courtivron, 1320 ; de Marguerite de
Bourgogne, à Tonnerre. — Copie de pièces sur
Moutier-Saint-Jean ; Obituaire de cette abbaye, fol.
96-101 ; copie des franchises accordées en 1507 aux
habitants par les abbés (copie du temps) ; inventaire des reliques de Moutier-Saint-Jean, 1567 ;
procès-verbal des violences commises par les hugue-
nots, 1567 ; — fol. 123, catalogue des manuscrits de
Moutier-Saint-Jean ; — fol. 130, épitaphes ; — fol.
145-171, épitaphes de Saint-Seine ; — fol. 186-189,
obituaire du Val-des-Choux ; — fol. 190-197, calen-
drier et nécrologe du Val-des-Choux. Tombes diverses et épitaphes avec dessins ; — fol. 200, bulle du
pape pour les religieuses de l'abbaye de Rougemont,
1530, nommant Anne de Ferrières abbesse.

Fol. 202. Sentence de déposition contre l'abbesse
Lucrèce de Rochefort, 1621, comme atteinte et con-
vaincue de crimes (*Curieux et à copier*).

Fol. 209. Arrêt du Parlement de Bourgogne, contre Françoise de Rochefort, religieuse de Saint-Jean
d'Autun, 1644, qui lui ordonne de se retirer de suite
à Saint-Jean d'Autun.

Fol. 216-225. Constitution et règlements pour
l'abbaye des religieuses de Rougemont (1644).

Fol. 226-243. Copie des mêmes constitutions.

Fol. 244-255. Autre copie de constitution approu-
vée par l'archevêque de Langres.

Fol. 256-270. Procès-verbal des constitutions présentées aux religieuses de Rougemont, que l'abbesse dudit lieu a refusé de recevoir. Dépositions des diverses religieuses contre la conduite de l'abbesse (*très curieux et à copier*).

Fol. 271-274. Procès-verbal du juge royal de Chablis ayant assisté au procès qui a été fait par dom Jehan de Boucher, grand prieur et grand vicaire en l'abbaye de Moutier-Saint-Jean à sœur Lucrèce de Rochefort, abbesse de Rougemont, et à sœur Françoise de Rochefort-Lucé, religieuse professe de l'abbaye de Saint-Jean-le-Grand d'Autun, du 3 février 1645 (*très curieux et à copier*).

Fol. 275-278. Zamet, évêque de Langres, ordonne au prieur de Moutier-Saint-Jean de chasser les prêtres vagabonds qui vont à l'abbaye des religieuses de Rougemont, Mussy, 12 février 1645.

Fol. 279-280. Acte d'élection des prieure et autres officiers de l'abbaye de Rougemont faite par Jean de Boucher, leur supérieur, 19 février 1645, pièce signée des religieuses.

Fol. 281-282. Commission du roi contre Lucrèce de Rochefort, abbesse de Rougemont, et sa sœur Françoise, religieuse à Saint-Jean d'Autun, 12 mars 1645 (pièce in-4 imprimée).

Fol. 283-286. Procès-verbal à la sortie de l'abbesse de Rougemont et de sa sœur de Lucé, conduites par un exempt au monastère des filles repenties de Paris, 22 mai 1445. Saisie d'une douzaine de livres profanes et impudiques, un jeu qu'on appelle trou madame, etc. [*Inventaire curieux*].

Fol. 287-291. Autre inventaire du 22 mai 1645, moins complet.

Fol. 292-295. Plaidoiries de Lucrèce de Rochefort et de sa sœur contre le sieur de Boucher, 1648, — il y avait eu enquête en 1611 sur le pillage commis par des gens de guerre et une autre enquête en 1647 contre le chevalier de Rochefort, oncle dudit de Rochefort, qui tua le grand prieur à son entrée dans le monastère en 1589.

Fol. 298-301. Procès-verbal de ce qui s'est passé à l'arrivée de l'abbesse de Rougemont, 17 juin 1648; Lucrèce et sa sœur, sorties des prisons d'Auxerre, étaient revenues à Rougemont.

Fol. 302-303. Requête présentée à la cour par les religieuses de Rougemont contre leur abbesse, 2 août 1651. — Dom Plancher a mis en marge les incidents relatifs à Lucrèce, sortie des prisons d'Auxerre, 1648, et auparavant sortie des madelonettes, le 29 août 1647.

Fol. 304. Lettre autographe de Zamet, évêque de Langres, au grand prieur de Moutier-Saint-Jean au sujet de *sa bonne amie* l'abbesse de Rougemont, 16 novembre 1653 (*Curieux*).

Fol. 304. Extrait du conseil d'Etat et lettre de Louis XV pour Rougemont, 1654, 22 mai, dit que malgré l'arrêt du Parlement de Paris du 26 mai 1653, par lequel l'abbesse doit se rendre à l'officialité d'Auxonne pour que son procès soit fait et parfait, avec défense de fonctions abbatiales, elle ne laisse de continuer à rester à Rougemont et elle a réussi à soustraire à la réforme Marie de Ballatier d'Avirey et Guillaumette de Conygam, religieuses réformées.

Fol. 309-310. Ordonnance de l'évêque de Langres pour les dames de Bretagne et de Saint-Martin pour faire rentrer les dames de Balatier et de Conygam en leur communauté, 4 novembre 1654.

Fol. 314-319. Arrêt du conseil royal pour Rougemont (un imprimé) qui nomme Edmée de Gaucourt le 7 mars 1653, comme coadjutrice.

Fol. 323-328. Prise de possession de la coadjutorerie de Rougemont par Edmée de Gaucourt, 11 octobre 1653.

Fol. 333-335. Procès-verbal de visite de Rougemont, 1er mai 1660.

Fol. 337-338. Etat des papiers rendus à l'abbesse de Rochefort, 3 mai 1660.

Fol. 342-343. Procès-verbal de visite du prieuré d'Aisy, 1664.

Fol. 345. Brevet de l'abbaye de Rougemont pour Agnès de Rouville, 25 décembre 1664.

Fol. 347-348. Lettre de Louis XIV au duc de Créquy, son ambassadeur à Rome, pour incorporer Rougemont à l'abbaye de Saint-Julien-sur-Dheune.

Fol. 349-351. Supplique pour même objet.

Fol. 353-357. Bulle d'union de Saint-Julien à Rougemont.

Fol. 358-363. Prise de possession de l'abbaye de Rougemont par la dame de Rouville, 29 septembre 1666.

Fol. 367-370, Visite de l'abbaye de Rougemont, 14 octobre 1666.

Fol. 371. Autre procès-verbal signé des religieuses.

Fol. 372-373. Inventaire des reliques de l'abbaye de Rougemont, 4 septembre 1668.

Fol. 374-375. Autre acte de visite, 1669.

Fol. 376-377. Lettre autographe signée par 14 religieuses de Rougemont réclamant leur translation à Dijon.

Fol. 379-380. Inventaire des titres principaux touchant la juridiction de Moutier-Saint-Jean sur Rougemont.

Fol. 381-384. Copie de titres établissant cette juridiction.

Fol. 385-388. Etat des revenus de l'abbaye de Rougemont.

Fol. 389-392. Etat du revenu temporel des religieuses de Rougemont.

Fol. 393-394. Etat des revenus de Notre-Dame de Rougemont pour les années 1667-1669.

[Ces documents ont été en partie utilisés par dom Plancher dans son t. I, chapitre : *Révolutions de l'abbaye de Rougemont*].

TOME X. — ÉVÊCHÉ DE LANGRES, ABBAYES

Fol. 2 8. Epitaphes et mausolée qui se trouvent aux Carmes de Dijon ; — fol. 6, mausolée de Jean de Berbisey, 1720 (bon lavis); — fol. 8, mausolée de Claude Bouchu, 1683 (bon lavis).

Fol. 9-17. Extrait du livre mortuaire des Carmes de Dijon commencé en 1646, avec quelques épitaphes.

Fol. 18. Mausolée de Philibert de la Mare, seigneur de Chevigny, aux Carmélites de Dijon (très bon lavis).

Fol. 19-30. Titres pour les chartreux de Dijon,
acquisition du clos pour l'établissement de leur monastère, 1386, 8 septembre ; — rentes accordées par
le duc pour cette fondation, 9 septembre 1387 ; —
échanges faits par le duc pour faire le cloître, février 1390.

Fol. 31-49. Mémoire des sépultures et épitaphes
étant aux Chartreux de Dijon.

Fol. 50-51. Mémoire contre les religieux de Bau-
lieu qui veulent avoir les dépouilles de leur abbé.

Fol. 52-53. Transaction de 1289 par Bernard de
Semur, bailli de la Montagne, par les religieux de
Quincy, relatant une charte d'Hugues duc de
Bourg., de 1243, du don par Henri, seigneur de
Saint-Marc et par sa femme Marguerite à l'abbaye
de Quincy du bois de Morcanges, et une autre de
1264, février, du duc Hugues IV, attestant qu'Étienne
de Vaillant a donné pour lui, pour sa femme et
pour son fils Jacques, à Quincy, la vigne de Belle-
not-sur-Seine, une maison, un pressoir et des
hommes.

Fol. 54. Tombe d'Henri de Vergy, seigneur de
Fouvent, sénéchal, père des pauvres, 1335 (passable lavis), à Teuley.

Fol. 55. Tombe de Marie de Vergy, comtesse de
Fribourg et de Neuchâtel, 1407, à Teuley (passable
lavis).

Fol. 56. Tombe de Mme Henri de Vergy, dame de
Fontaine-Française, femme de Jean de Longvy, fille
monseigneur de Rahon et après femme de Jean de
Vienne, seigneur de Pagny, 1427, à Teuley (passable
lavis).

Fol. 57. Tombe de Claude de la Trémouille, femme de Charles de Vergy, seigneur d'Autrey et de Vaugrenant, fille de Guy de la Trémouille, comte de Joigny, 1438, à Teuley (passable lavis).

Fol. 58-59. Extr. du terrier de Tart, en 1511.

Fol. 60-64. Extr. du terrier de Tart, en 1522.

Fol. 65-88. Copies de pièces relatives au monastère des religieuses de Tart, quelques-unes de la main de dom Plancher.

Fol. 89-169. Épitaphes et extraits du nécrologe des Cordeliers de Dijon, beaucoup d'épitaphes avec les armes.

Fol. 134. Mausolée de J.-B. Le Goux de la Berchère et de Marguerite Brulart, 1631, aux Cordeliers (bon lavis).

Fol. 135. D'Elisabeth de la Mare, 1680, aux Cordeliers (bon lavis).

Fol. 138. Mausolée de Guillaume Lopin aux Cordeliers (bon lavis).

Fol. 142. Marguerite de Menans, femme de Jean de Musigny, etc., 1313, aux Cordeliers (caricature).

Fol. 145. Guillaume de Musigny, chevalier, 1304 aux Cordeliers (caricature).

Fol. 146. Jeanne de Musigné, femme Guy dou Paillé, 1300 (mauvais lavis).

Fol. 149. Mausolée de Jacques Quarré, 1628, Cordeliers (bon lavis).

Fol. 153. Mausolée de Jeanne de Savoie et de Blanche de Bourgogne, †1344 (passable lavis sepia).

Fol. 156. Tombe. L'an 1287 fut mort Jean de Longeau, damoiseau, aux Cordeliers (chevalier armé, caricature). 3 maillets dans son écusson.

Fol. 159. Mausolée de Jeanne de Souvert, aux Cordeliers, 1652 (bon lavis).

Fol. 160. Tombe de Béatrix, dame de Saffres, 1318 (mauvais lavis).

Fol. 162. Mausolée de Charles Bénigne de Thésut, 1681, aux Cordeliers (bon lavis).

Fol. 165. Tombe de Jean Tisserand et de sa femme, aux Cordeliers de Dijon, 1551 (mauvais lavis).

Fol. 167. Tombe de Jehan de Chatillon et de Loys chevalier, † 1344, aux Cordeliers de Châtillon-sur-Seine (mauvais lavis).

Fol. 169. Tombe d'Hervé, seigneur de Saffres, 1306, aux Cordeliers de Châtillon-sur-Seine (mauvais lavis).

Fol. 170. Mausolée d'Isabelle, fille de Jean, roy de Portugal, femme de Philippe le Bon, † 17 décembre 1411, à l'église de Gosney-les-Béthune (bon dessin lavé grand in-fol.

Fol. 171-189. Épitaphes aux Minimes de Dijon.

Fol. 180. Extr. du martyrologe des Jacobins de Dijon (de la main de dom Aubrée).

Fol. 183. Marguerite, dame de Saulx, fille du comte de Vienne † 1280, X de septembre, aux Jacobins (mauvais lavis).

Fol. 186. Charlotte d'Orléans, duchesse de Nemours, 1649, aux Jacobins (bon lavis).

Fol. 187. Très beau mausolée d'un évêque aux Jacobins de Dijon, sans nom (très bon lavis).

Fol. 188. Mausolée de madame Jacques de Mucie aux Jacobins, 1674 (bon lavis d'un curieux monument avec 6 blasons).

Fol. 190. Mausolée de Marguerite Valon, 1674, aux Minimes de Dijon (bon lavis).

Fol. 192. Mausolée de Jeanne de Villars, femme de Richard de Valon, aux Minimes de Dijon, en 1606 (bon lavis).

Fol. 195-215. Titres et documents, épitaphes de Saint-Etienne de Dijon.

Fol. 208. Mausolée de Jean Germain-Chartraire, 1709, à Saint-Etienne de Dijon (bon lavis).

Fol. 210. Mausolée de Thomas de Varennes, à Saint-Etienne (bon lavis).

Fol. 211. Personnage en prières avec escarcelle, à Saint-Etienne (curieux et bon lavis).

Fol. 212. Mausolée d'Odebert, magistrat de Dijon, à Saint-Etienne (bon lavis).

Fol. 213. Mausolée de Pierre Odebert, à Saint-Etienne (bon lavis).

Fol. 214-230. Documents sur la Sainte-Chapelle de Dijon.

Fol. 214. Plan gravé de la Sainte-Chapelle, 1706, in-fol.

Fol. 218-219. Extr. du nécrologe de la Sainte-Chapelle (*écriture de dom Plancher*).

Fol. 220. Tombeau de Philippe de Courcelles, seigneur de Pourlans et d'Auvillars, 1479, à la chapelle d'Auvillars (mauvais lavis).

Fol. 223. Mausolée de Pierre Berbis, conseiller et receveur des requêtes, 1452, à la Sainte-Chapelle (bon lavis).

Fol. 224. Tombe d'Isabeau de Blaisy, fille de Jofroy de Blaisy et femme de Huot de Saigny, 1381, à la Sainte-Chapelle (dessin passable mais curieux).

Fol. 226. Mausolée de Nicolas de Montholon, 1607, à la Sainte-Chapelle (bon lavis).

Fol. 227. Monument considérable et curieux de Gaspard de Vaulx, maréchal de France, à la Sainte-Chapelle (bon lavis).

Fol. 228. Mausolée des de Vienne à la Sainte-Chapelle (bon lavis).

Fol. 229. Autre monument des de Vienne à la Sainte-Chapelle (bon lavis).

[Nous aurons à signaler de meilleurs dessins dans d'autres fonds de la Bibliothèque nationale].

TOME XI. — ABBAYE DE SAINT-BÉNIGNE

Fol. 1. Kalendarium abbatialis ecclesie Sancti Benigni, martyris; — fol. 13, extraits de comptes du xive siècle; — fol. 23, extr. du nécrologe; — fol. 37, copies de chartes, analyses de pièces; — fol. 177, extraits des taxes imposées sur l'abbaye de Saint-Bénigne et sur ses dépendances ; — fol. 179, prises de possessions de l'abbaye par les abbés commendataires ; — fol. 213, enquête de 1471 par le bailli de Dijon sur les droits de Saint-Jean et Saint-Philibert ; — fol. 306, chartes de ducs et autres personnages; — fol. 449, mémoire sur Saint-Bénigne, très bien écrit, avec dessins et inscriptions de quelques tombes ; — fol. 605, inventaire des reliques et joyaux de Saint-Bénigne de Dijon, tiré sur l'ancien fait en 1395, et sur un autre de l'an 1518, ledit extrait tiré en 1724; — fol. 772, catalogue des abbés de Saint-Bénigne.

3*

[Copies de dom Lanthenas, religieux de Saint-Bénigne et autres. L'inventaire des reliques de 1395 a été publiée ainsi que diverses planches par Bernard Prost].

TOME XII. — DIOCÈSE DE LANGRES, ABBAYE DE SAINT-BÉNIGNE

Fol. 1-12. Table des chartes.

Fol. 13-15. Table des évêques de Langres et abbés de Saint-Bénigne.

Fol. 16-146. Inventaire et catalogue des titres de Saint-Bénigne.

Fol. 147-203. Extraits de l'histoire de Saint-Bénigne, par Thomas le Roy, envoyés à dom Mabillon avec des remarques, par dom Lanthenas.

Fol. 204-279. Nécrologe de Saint-Bénigne de Dijon, copié et signé par Chifflet, envoyé à dom Jean Mabillon (*à comparer avec le nécrologe déjà copié*).

TOME XIII. — ABBAYE DE SAINT-BÉNIGNE DE DIJON copie de pièces, vol. 423 fol.

Fol. 184. Petite charte originale du duc Hugues.

Ego Hugo, dux Burgundie, notum facio omnibus quoniam quacumque die placuerit abbati aut conventui Sancti Benigni dedicere michi custodiam villarum suarum, ego eam libenter et sine aliquo obstaculo in gravamine resignabé, quia nichil omnino in ipsa custodia quocumque modo michi reclamo, sed liberum est abbati et monachis ipsam custodiam sibi si voluerint retinere, vel eam cuicumque voluerint commendare.

Fol. 374. Diplôme de Charles VI, donné à Paris, 3 avril 1408.

Fol. 419. Mémoire de la dépense qui fut faite à Saint-Bénigne du lundi 21 mai 1635 au jeudi suivant pour l'arrivée du fils du roi d'Ethiopie.

Les pièces de ce vol. sont in-extenso.

TOME XIV. — ABBAYE DE SAINT-BÉNIGNE DE DIJON

Fol. 12-23. Observations sur la chronique de Saint-Bénigne.

Fol. 24-93. Analyse des pièces contenues dans le grand cartulaire de Saint-Bénigne, écrit au XIV⁰ s. et continué dans les siècles suivants.

Fol. 94-112. Table des matières du cartulaire de Saint-Bénigne.

Fol. 113-116. Inventaire chronologique des chartres et titres du prieuré de la Loye, dépendant de Saint-Bénigne.

Fol. 117. Plan par terre de l'église de Saint-Bénigne (dessin lavé).

Fol. 118. Vue intérieure de l'église bâtie par saint Grégoire, évêque de Langres et le baptême de saint Symphorien, 1722 (dessin lavé).

Fol. 119. Eglise bâtie par saint Grégoire, évêque de Langres, étage d'en haut en 1722 (dessin lavé).

Fol. 120. Rotonde d'en haut, telle qu'elle est en 1722 (dessin lavé).

Fol. 121. Tombeau de saint Bénigne et au-dessus l'ancienne châsse où ont reposé ses reliques (dessin lavé).

Fol. 122. Dessin lavé représentant les restes d'un frontispice brisé (V. dom Plancher, I, 521).

Fol. 123. Reste du pavé de la chapelle N.-D. der-

rière la rotonde de Saint-Bénigne, tel qu'il fut fait
sous l'abbé Guillaume et dont les restes subsistent
en 1727 (dessin lavé multicolore).

Fol. 124-229. Epitaphes de Saint-Bénigne, blasons, dessins.

Fol. 132. Généalogie des Montagu issus du duc
Hugues III.

[Plusieurs de ces dessins ont été reproduits par B. Prost
dans son *Inventaire des reliques de Saint-Bénigne*].

TOME XV. — ABBAYE DE MOLÊME,
vol. in-fol. de 315 fol.

Fol. 2. Dessin à la plume de l'intérieur de l'église
de Molême (*bon dessin à reproduire*), format grand
in-fol. non terminé.

Fol. 3-80. Histoire de l'abbaye de Molême en 33
chapitres, travail important et sérieux dans lequel
on a intercalé un grand nombre de pièces in-extenso.

Fol. 81 et suiv. Deux factums in-4 (imprimés)
par Charles de la Rochefoucauld, abbé de Molême.

Fol. 83-121. Preuves pour l'histoire de Molême,
copies de pièces de I à CLXXVI qui paraissent prises sur le 2ᵉ cartulaire de Molême dont l'original est
aux Arch. de la Côte-d'Or.

Fol. 122-251. Petit abrégé chronologique de l'histoire de N.-D. de Molesmes de l'ordre Saint-Benoist
et de la congrégation de Saint-Maur au diocèse de
Langres, fait et présenté à M. Charlet, chanoine de
Grancé-le-Château par dom Simon Briot, secrétaire
de la dite abbaye, en 1697. [Cette histoire n'est pas

la même que celle dont on a parlé au commencement de cette notice, et qui se trouve dans la collection Champagne]. Au fol. 228, chap. ix, personnages illustres profès de l'abbaye de Molème enterrés en icelle abbaye, bienfaiteurs d'icelle; — fol.
232, des dames et filles de qualité religieuses à Mo-
lesme et aux environs et à Jully; — fol. 235, des historiens de cette abbaye Bernard Britto, religieux de
Citeaux, portugais, Chrisostome Henriquez, Yves
de Chartes, Orderic, Manrique, Nicolas Camusat, Gui,
3ᵉ abbé de Molème, auteur d'une vie de saint Robert.

Fol. 237. Liste des abbayes et prieurés dépendant
de Molesmes, archevêques et évêques qui en sont
sortis.

Fol. 240. De la grandeur, beauté et magnificence
et du grand nombre des églises et chapelles de cette
abbaye tant dans son enceinte que dans son finage,
curieuse description de l'église et des ornements.

Fol. 252. Abrégé de la vie de saint Robert, abbé
de Molème, in-8, de 8 pp. (imprimé). Troyes, *Jacques Le Febvre*, 1722.

Fol. 253. Abrégé du nécrologe (*écriture de dom
Plancher*); — fol. 255, pillages commis dans l'abbaye pendant les guerres de religion. Copie d'un
grand nombre de titres de Molème (*de la main de
dom Plancher*).

Fol. 279. Catalogue des seigneurs des Ricey.

Fol. 280. Petit récit d'un voyage fait par dom
Plancher à Molème, Bar-sur-Seine, les Ricey (curieux).

Fol. 291. Dédicace en 1154 de la première église

paroissiale de Molême, par Godefroi, évêque de
Langres.

Fol. 302. Vue du rond-point de l'église de Molême en dehors (*dessin à la plume*), in-fol.

Fol. 304. Mausolée de 1685 contenant les reliques
de saint Robert à Molême (*dessin à la plume*).

Fol. 306. Bulle du pape Alexandre III, en 1403,
pour soumettre les religieuses de Jully au Saint-
Siège.

TOME XVI.

Vol. in-fol. demi-mar.

Fol. 4. Tombeau d'Isabelle de Portugal, femme
de Philipe le Bon, duc de Bourgogne (bon dessin
lavé grand in-fol.).

Fol. 5. Tombeau de Louis de Male, comte de
Flandre, ayant à ses côtés Marguerite de Brabant,
sa femme, et Marguerite de Flandre, sa fille (grand
lavis passable, grand in-fol.), dans le pourtour de ce
monument se trouvent sept statues : 1° Marguerite,
duchesse de Guienne, fille de Jean sans Peur; 2°
Marie, duchesse de Clèves, fille du même; 3° Jean,
duc de Clèves, fils de la dite Marie; 4° Isabelle, comtesse de Penthièvre, fille du duc Jean sans Peur;
4° Catherine, fiancée du roy de Sicile par procureur, fille de Jean sans Peur; 6° Anna, duchesse de
Bettort, fille de Jean sans Peur; 7° Agnès, duchesse
de Bourbon, fille du même.

Fol. 6. Epitaphes de l'église de Douay.

Fol. 8. Documents sur le monastère de N.-D. de
Cambray.

Fol. 53. Fondation du prieuré de Bethisy et sur la famille et les seigneurs de Bethisy.

Tome XVII. — Mélanges

Fol. 40. Extrait de documents sur la Bourgogne.

Fol. 49. Documents sur divers monastères d'Auxerre ; sur Pontigny, épitaphes et mausolées qui sont à Pontigny ; monastères de la filiation de Pontigny.

Fol. 70. Prieuré de Sessy-les-Bois.

Fol. 71. Moutiers-en-Puisaie.

Fol. 72. Saint-Sauveur.

Fol. 73. Saint-Léger de Champeaux.

Fol. 74. Saint-Florentin.

Fol. 75. Griselles, Tonnerre, Saint-Verain.

Fol. 78. Extrait des constitutions de l'abbaye de Saint-Jean-le-Grand d'Autun.

Fol. 87. Titres pour le transfert des religieuses du Puits d'Orbe à Châtillon-sur-Seine.

Fol. 220. Mémoire adressé aux très révérends pères président et deffiniteurs du chapitre-général de la congrégation de Saint-Maur, en l'abbaye de Moutier-Saint-Jean.

[D'après une note de M. Delisle, les fol. 94-213 de ce volume avaient été formés avec le vol. 24 de l'épitaphier de Clairambault. Ce vol. 24 a été remis à sa place et constitue le n° 8239 du fonds français].

Tome XVIII. — Inventaires des testaments de Franche-Comté

Analysé, Ulysse Robert, *Documents sur la Franche-Comté*.

TOME XIX. — DROITS DU ROI
Vol. in-fol. de 299 fol., dem.-rel. mar.

Extrait du livre des traités touchant les droits du roi composé par M. Pierre Dupuy, conseiller du roy en ses conseils, imprimé en 1655.

Du droit du roy au royaume de Bourgogne.

Fol. 33. Inventaire de la chambre des comptes de Dijon par Jacques Venot, maître des comptes, en 1604.

[Table des matières et des noms à la fin du volume].

TOME XX. — ROIS ET DUCS
In-fol. de 187 f. rel. dem.-mar.

Fol. 2. Carte de l'état des Gaules contenant les trois monarchies qui les partageaient quand Clovis en fit la conquête (mss.)

Fol. 3. Carte de la France pour la fin du règne de Clovis et pour le partage de ses états entre ses enfants, par Henry Liebaux, géographe, mss.

Fol. 4. Notes de dom Plancher pour l'histoire des rois de Bourgogne. Extraits de divers auteurs. Notes diverses de la main de dom Aubrée, de dom Plancher, de Prosper Bauyn et autres.

Fol. 304. Philippe le Hardi et sa femme, portraits en pied, *très bon croquis à la plume*, au trait seulement.

Jean sans Peur, portrait au trait, à la plume (*à reproduire, très bon*).

Fol. 305. Brouillons de l'histoire de Philippe le Hardi par dom Guillaume Aubrée.

Fol. 308. Portrait de Jean-sans-Peur, bon et curieux dessin lavé, in-4° ou in-fol. (*à reproduire*).

Fol. 309-338. Histoire de Philippe le Hardi pour le Laboureur avec les observations de Prosper Bauyn, mss. in-4.

Fol. 339. Mémoires du voyage fait en Hongrie de Jean-sans-Peur, par Prosper Bauyn, doyen de la chambre des comptes, in-4°.

Fol. 367. Très curieux croquis inachevé d'un portrait anonyme, in-fol.

Fol. 368. Portrait en pied de Philippe le Bon et de Charles le Téméraire, dessins à la plume et au trait (très bons et à reproduire).

Fol. 369-379. La déclaration de tous les hauts faits et glorieuses adventures du duc Philippe de Bourgongne, celuy qui se nomme le *grand duc* et le *grand Lyon*, par messire George Chastellain, son indiciaire. — Le Lyon bandé de messire George Chastellain, œuvre poétique adressée à la personne de Philippe le Bon, duc de Bourgogne. Ces deux pièces sont copiées par dom Guillaume Aubrée.

Fol. 378. Représentation de la sainte Hostie envoyée par Eugène IV au duc Philippe le Bon en 1433 au mois de septembre (bon dessin lavé).

[Le texte est, ainsi qu'une note au bas, de l'écriture de dom Sallazard.]

Fol. 380. Epitaphes des ducs de Bourgogne de la deuxième race enterrés aux Chartreux-les-Dijon, placés dans des caveaux souterrains au milieu du chœur. Description détaillée des tombeaux et inscriptions (*écriture de dom Sallazard*).

Fol. 385. Balay qui servait de principal ornement au chapeau du duc Charles le Téméraire à Nancy (très bon dessin lavé).

Fol. 386. Diamant qui servait de bouton au chapeau du duc Charles le Téméraire à Nancy (très bon dessin lavé).

Fol. 387. Chapeau que portait le duc Charles le Téméraire à Nancy lorsqu'il perdit la bataille avec la vie (Très bon dessin lavé, in-fol.).

[Le texte écrit sur ces planches est de la main de dom Sallazard.]

TOME XXI

Vol. in-fol. de 126 fol. rel. dem.-mar. (entièrement écrit de la main de dom Alexis Sallazard).

Analyse d'environ 3000 pièces diverses provenant de la chambre des comptes de Dijon de 1183 à 1298, toutes pièces relatives aux ducs de Bourgogne.

Chacune de ces pièces rangées chronologiquement ont été collées à la suite les unes des autres sur des feuilles de papier.

[Ces documents très précieux maintenant ont en partie disparu des Archives de la Côte-d'Or. Le volume demande à être *examiné et copié* en entier, la plupart des mandements analysés n'existent plus].

TOME XXII. — OFFICIERS DES DUCS
Vol. in-fol. de 223 fol. rel. dem.-mar.

[Entièrement de la main de Dom Aubrée. Ce sont les

brouillons du manuscrit qui a été imprimé sous le nom de l'abbé des Salles].

Fol. 196. Epitaphes du grand hôpital de Dijon avec des blasons.

Fol. 198. Eglise et religieuses du Saint-Esprit, épitaphes et blasons.

Fol. 199. Sainte-Anne, épitaphes et blasons.

Fol. 200. Cordeliers de Dijon, épitaphes et blasons.

Fol. 208. Jacobins de Dijon, épitaphes et blasons.

Tome XXIII.

Vol. in-fol. de 156 fol. rel. dem.-mar. r. [*entièrement de la main de dom Alexis Sallazard*].

Analyse d'environ 4.000 pièces, mandements, quittances, etc., des ducs de Bourgogne, des XIVᵉ et XVᵉ siècles, collées les unes à la suite des autres.

[Documents très précieux dont un grand nombre n'ont plus reparu dans les archives de la Chambre des Comptes] (*à examiner et copier en entier*).

Tome XXIV

Vol. in-4 de 110 fol. rel. dem.-mar. r. [*entièrement de la main de dom Alexis Sallazard*].

Analyse d'environ 3.000 pièces, quittances, mandements des ducs et des officiers de Bourgogne, des XIVᵉ et XVᵉ siècles copiées sur des bandes collées.

[Documents précieux en partie disparus des archives de la Chambre des Comptes] (*à examiner et copier en entier*).

TOME XXV

Vol. in-4 de 97 fol. rel. dem.-mar. r. [*entièrement
de la main de dom Alexis Sallazard*].

Analyse d'environ 3.000 pièces, quittances, mandements, lettres, comptes des ducs de Bourgogne et
de leurs officiers des xive et xve siècles, sur des
bandes collées.

[Documents précieux en partie disparus des archives de la
Chambre des Comptes] (*à examiner et copier en entier*).

TOME XXVI

Vol. in-4 de 331 fol. rel. dem.-mar. r. [*entièrement
de la main de dom Sallazard*].

Analyse d'environ 5.000 pièces, quittances, lettres,
mandements, comptes des ducs de Bourgogne et de
leurs officiers, des xive et xve siècles.

[Documents précieux dont les originaux n'existent qu'en
petite partie aux archives de la Chambre des Comptes. Série de lettres missives du plus haut intérêt] (*à examiner
et copier en entier*).

TOME XXVII. — MÉLANGES CONCERNANT LA FRANCHE-COMTÉ

In-fol. de 140 fol. rel. dem. mar. r. [*entièrement
de la main de dom Plancher*].

Fol. 1. Collège de Dôle.
Fol. 6. Dôle, Poligny. Notes diverses.
Fol. 32. Les seigneurs de Jonvelle, généalogie.

Fol. 34. Preuve de noblesse des Jouffroy.

Fol. 51. Extrait d'un mss. des antiquités de la ville de Besançon.

Fol. 54. Extrait d'un ancien armorial copié par Jules Chifflet à Bruxelles.

Fol. 59. Actes concernant les seigneurs de Neu-chatel.

Fol. 64. Documents pour les seigneurs de Ray.

Fol. 65. Maison d'Orgelet.

Fol. 109. Extr. des inventaires de la Chambre des Comptes de Dôle.

Fol. 121. Ordre de la toison d'or.

Fol. 123. Confrérie de la noblesse de Bourgogne au lieu de Rougemont au jour et sous le nom de Saint-Georges.

Fol. 137. Lettres curieuses adressées aux Vergy (xvi° siècle).

Fol. 22. Epitaphes des Vaudrey à Montboson.

[M. Ulysse Robert a analysé les documents que contient ce volume, *Documents relatifs à la Franche-Comté*, p. 164].

TOME XXVIII. — TOPOGRAPHIE

In-fol. de 120 fol. rel. dem.-mar. r. [*notes en partie de dom Plancher et de quelques autres*].

Fol. 1. Prieuré d'Anteuil, dépendant de Saint-Bénigne de Dijon.

Fol. 4. Arnay-le-Duc ; — fol. 6, Arc-en-Barrois.

Fol. 8. Autun ; — fol. 19, Auxerre ; — fol. 94, lieutenants généraux du bailliage d'Auxerre, liste.

Fol. 33. Fondation des murailles de l'ancienne

cité d'Auxerre du côté de la boucherie, on en voit
presque de semblables proche la tour de Saint-Pan-
crace, en 1725, très bon dessin lavé, in-fol. (*à reproduire*).

Fol. 35. Auxonne.

Fol. 37. Avallon ; — fol. 45, Chalon.

Fol. 59. Plan de l'anciene et nouvelle ville de Dijon (gravé).

Fol. 69. Les Mailly-sur-Saône.

Fol. 77. Montbard.

Fol. 92. Mémoire sur la fondation de Pontar-
lier par les religieux de Saint-Bénigne de Dijon.

Fol. 86. Saint-Jean-de-Losne.

Fol. 100. Semur-en-Auxois.

TOME XXIX. — EXTRAITS DIVERS.

In-4 dem.-rel. mar. r. de 340 fol. [*entièrement
écrit par dom Sallazard*].

Extraits des titres relatifs au règne de Philippe
le Bon.

TOME XXX. — DIVERS

In-fol. de 202 fol., rel. dem.-mar. r.

Fol. 1-20. Notes de dom Plancher et de dom
Aubrée.

Fol. 21-78. Brouillons de l'Histoire de Bourgogne
pour la période de 1450 à 1480 environ, par dom
Alexis Sallazard.

Fol. 111. Mémoire sur Louis II de Bourbon.

Fol. 115. Histoire du siège de la ville de Saint-Jean-de-Losne contenant ce qui s'est passé de plus remarquable dans le duché de Bourgogne en 1636, transcrit par Jolyot, secrétaire de l'hôtel de ville de Saint-Jean-de-Losne, sur divers registres de cet hôtel de ville.

TOME XXXI. — BLASONS, SCEAUX
In-fol. de 157 fol., rel. dem.-mar. r.

Fol. 1 à 9. Armorial de Chevillard pour la Bourgogne (gravé).

Fol. 12. Armorial de la maison de Champagne (gravé).

Fol. 13. Blasons dessinés à la plume des comtes d'Auxerre, barons de Toucy, de Seignelay, de Saint-Bris, de Saint-Verain, des baillis et capitaines d'Auxerre, des évêques d'Auxerre, des abbés de Saint-Germain, de Saint-Marien, de Reigny, de Bouras, des Roches, nombreux sceaux et contre-sceaux.

Fol. 85. Sceau d'Eudes III, duc de Bourgogne; sceau et contre-sceau d'Alix de Vergy, en 1222, d'Hugues IV, d'Huguenin de Montréal.

Fol. 97. D'Henri Ier, roi de France, de Carloman, en 881, de Louis le Bègue, en 877, de Charles le Chauve, en 877, du roi Raoul, en 925, d'après des chartes de Saint-Bénigne.

Fol. 103. Curieux cachets particuliers de Philippe le Hardi et autres (très bien dessinés et lavés).

Fol. 106. Autres cachets pour lettres closes (très bons).

Fol. 114. Sceaux de Raimond, comte de Bour-

gogne, de Rainaud, comte de Bourgogne, xi° s. (duo-
décagonaux).

Fol. 124. Six sceaux des La Fauche qui vendirent,
en 1233, à Saint-Bénigne, tout ce qu'ils possédaient
au prieuré de Saint-Belin.

Fol. 123. Sceaux des Courtivron, Ode de Courtivron, en 1299, avec clef sur l'écu, de Jean de Saux
dans un acte de 1254 pour Villecomte, avec une
clef sur l'écu également.

Fol. 130. Guillaume de Grancey, 1270, sceau et
contre-sceau Guillaume de Marigny, 1268, Jacques
de Pommart, bailly de Dijon, 1268.

Fol. 132-133. Mauvais dessins des sceaux d'Hugues
de Lormes et d'Elvis, de Mile de Noyers.

Fol. 137. Sceau de Renard de Choiseul, damoi-
seau, appendu à la vente faite par lui et sa femme
Marguerite de Brancion, en 1272, des terres d'Aignay,
Etalante, Marcelois, Paques, Marcenay, Sanvignes,
Brancion, Uxelles, terres cédées à Robert, duc de
Bourgogne.

Fol. 150. Sceau de Robert, évêque de Langres.

Fol. 152. Sceau et contre-sceau d'Etienne de
Mont-Saint-Jean, chevalier, dans un accord passé
avec Eudes, duc de Bourgogne, 1313 (*écriture de
dom Sallazard*).

Fol. 153. Sceau et contre-sceau de l'abbé de Moutier-Saint-Jean reconnaissant que la garde de l'abbaye a de tout temps appartenu aux ducs de Bourgogne, 1324 (*écriture de dom Sallazard*).

Fol. 157. Sceaux de la commune de Dijon appo-
sés à un bail à cens passé l'an 1485 (*écriture de dom
Sallazard*).

[Les notes accompagnant ces dessins de sceaux sont parfois écrites par dom Plancher, mais la plupart sont de la main de dom Sallazard. — Quelques-uns de ces sceaux sont reproduits dans l'ouvrage de dom Plancher].

Tome XXXII. — noblesse
Vol. in-fol. de 475 fol., dem.-rel. m.

Fol. 2. Mémoire à consulter pour la recherche de titres à produire dans une preuve de noblesse.

Fol. 5. Notes de dom Plancher et de dom Aubrée.

Fol. 24-328. Liste de noms nobles avec les dates des documents qui les citent (*écriture de dom Aubrée*).

Fol. 329-337. Registres de lettres de naturalisation, affranchissements, admortissements, annoblissements et autres (*écriture de Pérard*).

Fol. 342-359. Usurpation des titres de noblesse.

Fol. 360-405. Table alphabétique des noms de personnes considérables dont il est fait mention dans le recueil de Pérard.

Fol. 406-475. Recueil des registres des chartes de la ch. des comptes du roy à Lille, de toutes les lettres d'annoblissement, confirmation de noblesse et création de chevaliers (depuis 1424).

Tome XXXIII. — noblesse
Vol. in-fol. de 502 fol., rel. dem.-rel. mar.

Inventaire de plusieurs titres étant au trésor des papiers de la maison de Bauffremont.

4*

Fol. 22. Extr. des archives de Dole, simple liste de noms avec dates.

Fol. 38. Extr. des frères minimes de Besançon, des archives de Dole, de Salins, des titres des sires de Chalon.

Fol. 156. Extr. de l'invent. des fiefs de l'archevêché de Besançon, blasons des familles.

Fol. 333. Lettres extraites des mémoires de Granvelle.

Fol. 404. Conférence de la noblesse de Bourgogne au lieu de Rougemont au jour de Saint-Georges.

Fol. 436. Catalogue des chevaliers de la Toison d'or. — Autres pièces sur la Franche-Comté analysées par Ulysse Robert, *Documents sur la Franche-Comté*, p. 166.

TOME XXXIV. — GÉNÉALOGIES. A. G.

Vol. in-fol. de 310 f. dem.-rel. mar.

Fol. 64. Maison d'Antigny ; — fol. 73, Arc-sur-Tille.

Fol. 207. Lettre du comte de Beaujeu à Dom Villevielle pour le remercier du mémoire qu'il lui a envoyé sur les Beaujeu, 1770 ; — fol. 113, titres sur les Beaujeu provenant de la Charité, de 1238 à 1451.

Fol. 162. Généalogie de la maison de Bressey, Nancy, 1775, in-4, de 24 p. (*imprimé*).

Fol. 269. Auteurs qui parlent de la maison de Chaugy en Bourgogne, 8 p. in-fol. (*imprimé*).

Fol. 241. Titres sur les Clugny [par un seigneur de Clugny?].

[Brouillons de dom Plancher et quelques notes de dom Sallazard].

TOME XXXV. — GÉNÉALOGIES. D. L.

In-fol. de 222 fol. dem.-rel. m.

Fol. 2. Notes des terres possédées par M. Davout.
Fol. 112. Charte du roi Jean, Saint-Christophe en Hallate, 3 novembre 1351.
[Peu d'intérêt].

TOME XXXVI. — GÉNÉALOGIES. M. R.

In-fol. de 295 fol. dem.-rel. mar.

Fol. 80. Titres de la maison de Montagu.
Fol. 134-141. Preuves des Davout.
Fol. 142. Titres et documents sur les Orléans-Rothelin aux xvie et xviie siècles.
[Peu d'intérêt].

TOME XXXVII. — GÉNÉALOGIES. S. W.

In-fol. de 379 fol. dem.-rel. mar.

Fol. 9. Lettre de Fr. Jean Samuël de Sauzey, religieux de Saint-Florent-le-Vieil-en-Anjou à dom Urbain Plancher, religieux de Saint-Bénigne de Dijon, 1er janvier 1729. Brouillons généalogiques de dom Plancher et de dom Sallazard.
Titres des Saulx-Tavannes.

Pièces *imprimées* et généalogies de la maison de Vienne en 1662.

TOME XXXVIII. — GÉNÉALOGIES. SUPPLÉMENT I

In-fol. de 461 fol. dem.-mar.

Extr. d'un ms. de la bibl. de Besançon. Généalogie de la maison de Rye ; — fol. 87, maison de Scey, Vienne, sires de Pagny ; — fol. 157, titres de la maison d'Oiselet ; — 285, titres et généalogie des Cicon ; 392, maison de Poitiers.

[Brouillons de dom Plancher et de dom Sallazard].

TOME XXXIX. — GÉNÉALOGIES, SUPPLÉMENT II

In-fol. de 718 p. dem.-rel. mar. [*Ecrit en partie par dom Sallazard*].

Fol. 23, Grignon, Thil, Laroche ; — fol. 31, Vergy; — fol. 38, Frolois ; 42, Fontaines ; 47, Grancey ; 51, Montréal, Mello, Arc, Chaignot ; 103, Clugny ; 282, extr. des anc. registres des Parlements de Beaune et de Saint-Laurent-les-Chalon, 1357; — fol. 463-492.

[Copie de titres de la main de Pérard et documents dont beaucoup sont empruntés aux manuscrits de Palliot].

TOME XL. — FAMILLES. A. C.

In-fol. de 205 fol. dem.-rel. m. r. bandes de papier par ordre alphabétique et chronologique collées ;

elles sont de la main de dom Sallazard, dom
Plancher et autres.

Fol. 3. Flore d'Antigny, fille de Philippe d'Antigny et d'Elisabeth, présens et stipulans pour elle,
font un projet de mariage avec Guy de Vergy, fils
de Guillaume de Vergy, sénéchal de Bourgogne et
de Clémence, présens et stipulans aussi pour lui,
may 1239, invent. Bauyn, fol. 10, cote 77.

Fol. 8. Guillaume d'Aubenton, licencié en loix,
s' de Grimault, 1500; — fol. 10. Jean d'Argenteuil,
écuyer, présent à la remise faite par Jean Gaspard,
licencié ès-lois, du château de Marnay-les-Brion à
Jean de Martigny, 19 octobre 1395.

Fol. 104-106. Blaisy; 108, Brancion; 131, Cas-
sard, chancelier de Bourgogne; 140, Chalon; 145,
Chambellan; 146, Champlitte; 158, Chateauneuf;
159, Chateauvillain; 160, Châtillon; 162, Chaude-
nay; 171, Choiseul.

TOME XLI. — FAMILLES. D. L.

In-fol. de 243 fol. dem.-rel. m. r., bandes collées
chronologiquement et par ordre alphabétique, de
dom Plancher, dom Sallazard.

Fol. 3. Damas; 4, Dampierre; 43, Drées; 46,
Duesme; 82, Fontaines; 98, Frolois; 136, Grancey;
198, Jaucourt.

TOME XLII. — FAMILLES. M. Q.

In-fol. de 202 fol. dem.-rel. m. r., copies sur des

bandes collées, classées par ordre alphabétique, de
la main de dom Sallazar, dom Plancher.

Fol. 2. Machefoing ; 13, Mailly ; 20, Mâlain ; 28,
La Marche ; 37, Marigny ; 55, Mello ; 71, Montbard ;
72, Montbéliard ; 79, Montagu ; 91, Mont-Saint-
Jean ; 102, Montréal ; 125, Neufchâtel ; 133, Noyers ;
142, Odebert ; 186, Poitiers ; 187, Pontailler.

TOME XLIII. — FAMILLES. R à Z.

In-fol. de 239 fol. dem.-rel. m., notes collées par
ordre chronologique, de la main de dom Alexis
Sallazard principalement, ainsi que les vol. qui
précèdent.

Fol. 3. Rabutin ; 7, Ray ; 13, Rigny ; 15, Reque-
leyne ; 25, La Roche ; 26, Rochefort ; 29, Rolin ; 31,
Rougemont ; 39, Suffres ; 57, Saulx ; 64, Sennecey ;
73, Sombernon ; 80, Tabourot ; 88, Thésut ; 105,
Toulongeon ; 110, Trichatel ; 112, La Trémouille ;
125, Voudenay ; 133, Vergy ; 144, Vezon ; 146, Vienne ;
148, Villarnout ; 175, Bauffremont ; 189-196,
Beaujeu ; 197-200, Blaisy ; 230-231, Grignon, notice intéressante.

TOME XLIV. — REGISTRES DU BAILLIAGE
DE DIJON.

In-fol. de 284 p. dem.-mar. r. Ce volume écrit par
Dom Plancher et autres est un extrait des registres
du bailliage de Dijon contenant un grand nombre de
donations et testaments, parfois copiés in-extenso,

et qui tous sont du xvii° siècle, depuis 1614. Ils intéressent toutes les familles bourguignonnes de cette époque.

Table à la fin.

Tome XLV. — Inventaire de l'hotel de ville de Dijon.

In-fol. de 145 fol. dem.-rel. mar. r.

En partie écrit par dom Plancher, la fin par dom Sallazard.

Fol. 2. Copie de l'inventaire général de l'hôtel de ville de Dijon, contenant les titres de la ville et l'abrégé des délibérations de la chambre de ville depuis 1343 jusques en 1653.

Fol. 135. Extr. de l'inventaire des titres de la maison de ville qui sont en la tour de Notre-Dame de Dijon (dom Sallazard). Liste des maires de Dijon, avec des additions et suppléments.

Tome XLVI. — Extrait des registres des paroisses de Dijon.

In-4 de 480 fol. dem.-rel. m. r.

Fol. 2-162. Baptêmes, inhumations et mariages faits en l'église Saint-Jean de Dijon de 1598 à 1720 (collection curieuse et assez complète).

Fol. 163-242. Inhumations, mariages et baptèmes faits à Saint-Médard de Dijon, de 1618 à 1720.

Fol. 243-321. Copie des registres de baptêmes, in-

humations et mariages de Saint-Michel de Dijon
(1616 à 1720).

Fol. 322-331. Copie des registres de Saint-Nico-
las de Dijon, de 1676 à 1712 ; — fol. 332-378, registres de Saint-Pierre de Dijon, de 1614 à 1715 ; —
fol. 379-401, registres de la fabrique de Saint-Philibert, de 1618 à 1718 ; — fol. 402-471, registres de fabrique de Notre-Dame de Dijon, de 1616 à 1719.

Fol. 47. Mortuaire de Fontaine, baptistère de Tart·
l'Abbaye, Is-sur-Tille, Mirebeau, du presche d'Is-sur·
Tille, Gemeaux, etc.

Documents fort utiles à consulter pour les xviiᵉ
et xviiiᵉ s.

Tome XLVII. — états généraux. I.

In-fol. de 266 fol. dem.-rel. mar.

Fol. 1-16. Notes sur les États généraux de Bourgogne, brouillons de dom Plancher ; — fol. 17, tenue des Etats du comté de Bourgogne à Salins en
1498 ; — Etats de 1507, Salins ; — fol. 96, tenue des
Etats à Dôle, en 1561 ; — fol. 135, tenue des Etats
de 1606.

Fol. 159. Tenue des Etats en 1617 ; — fol. 246,
tableaux indiquant les années de la tenue des Etats,
les villes qui en ont été le siège et les noms des pré-
sidents ; — fol. 257, procès-verbal de l'assemblée
des trois ordres de la province de Dauphiné, le 21
juillet 1788 sous la présidence du comte de Morges.
— Fol. 265, protestations remises à M. le maréchal
de Vaux, par les gentilshommes du Dauphiné, réu-
nis à Grenoble le 17 juillet 1788.

Tome XLVIII. — États généraux. II.

In-fol. de 348 fol. dem.-mar. r.

Fol. 1. Extrait de l'inventaire général des titres, chartes et papiers des Etats de Bourgogne, fait en 1674, par les greffiers des Etats, en conformation du décret des dits états assemblés à Dijon, en 1674.

Fol. 80. Extrait du premier registre des lettres et privilèges obtenus par les gens des trois Etats de Bourgogne, depuis 1361.

Fol. 151. « Assemblée de mes. les genz des trois Etats de ce duché de Bourgoingne assemblez au lieu de Beaune le jeudi XXV° jour de septembre M. CCCC. IIII^{xx} trois en grant nombre et lesquels n'ont esté assemblez à Dijon, ainsi qu'ils ont accoustumé faire estant le dangier de l'inffection qui y regne présentement... » Document du temps sur papier.

Fol. 168. Extr. du second registre des Etats, depuis 1560.

Fol. 173. Extr. du troisième registre des Etats, depuis 1606.

Fol. 184. Extr. du quatrième registre des Etats, depuis 1656.

Fol. 190. Etats de 1548 assemblés à Dijon.

Fol. 194. Gentilshommes qui ont assisté à la tenue des Etats.

Fol. 241. Mémoire touchant la contestation des ecclésiastiques et gentilshommes des comté et duché de Bourgogne. Question de préséance des abbés de Clairvaux sur ceux de Citeaux ; récit de ce qui s'est passé aux Etats de Bourgogne en 1706, touchant l'un des deux alcades ecclésiastiques. Questions de cérémonial.

TOME XLIX. — REGISTRES DES ÉTATS GÉNÉRAUX

In-4, de 260 fol. dem.-rel. mar. r.

Extraits des registres des États généraux de la province de Bourgogne depuis 1548 jusqu'en 1650.

TOME L. — REGISTRES DES ÉTATS GÉNÉRAUX

In-4, de 504 fol. dem.-mar. r.

Extraits des registres des États généraux en Bourgogne depuis 1653 jusqu'en 1736.

TOME LI. — EXTRAITS DE LA CHAMBRE DES COMPTES DE DIJON. I

In-fol. de 408 fol. dem.-rel. mar.

Extr. du traité de la Chambre des comptes de Dijon, par Hector Joly, maître des comptes à Dijon, Dijon, Pierre Palliot, 1653 (notes ms. de Dom Plancher) ; — fol. 26, monnoies de Bourgogne ; — fol. 29-192, inventaire sommaire de ce qui est contenu dans les registres des lettres patentes de la Chambre des Comptes de Dijon, tant sous les ducs de Bourgogne que sous les rois de France qui leur ont succédé, par moy, Étienne Pérard, conseiller du Roy plus ancien maistre des comptes de la Chambre.

[Cet inventaire de 1386 à 1500, fort précieux, est le manuscrit autographe de Pérard].

Il y a de curieux renseignements, des lettres royales en grand nombre, fol. 182, une entrée de Charles VIII à Dijon en 1494, le 19 juin et non le 29, comme le dit dom Plancher (A copier).

Fol. 194. Analyse des registres de comptes par dom Plancher (Très sommaire).

Fol. 261. Analyse des registres de la Chambre des Comptes et du Parlement par dom Sallazard.

[Ces analyses vont jusqu'en 1696 et font suite à celles de Pérard, mais sont moins complètes, et ne contiennent pas les lettres royaux en copie in-extenso comme Pérard les donne].

Tome LII. — Extraits de la chambre des comptes. II

In-4, de 251 fol. dem.-rel. mar. r.

Copie de pièces in-extenso de 1200 à 1379 [toutes de la main de dom Sallazard].

Fol. 113. Analyse du compte de Thomas de Chapelles, secrétaire et aumônier du duc, de 1363 à février 1368 [Précieux, l'original n'existe plus].

Fol. 122. Autre résumé sommaire de ce même compte de Thomas de Chapelles.

Fol. 123. Compte de Dimanche de Vitel, général receveur du duché pour 1363.

Fol. 156. Extr. du compte de Maciot Estibourt du 18 juillet 1369 au 28 mars 1370.

Fol. 167. Extr. du compte de Regnaut Gombaut,

1371, 1372, 1373, 1374, 1375, 1376 [Très précieux pour les séjours du duc].

Fol. 230. Compte de Regnaut Gastelier de Saint-Thibaut, receveur des fouages du bailliage d'Auxois, 1377.

Fol. 240. Compte de Pierre Juliot, receveur général des fouages pour le pays de Bourgogne, 1378, 1379.

Fol. 245. Compte d'André Justot pour la dépense de l'hôtel des ducs 1378, 1379.

[Analyse d'environ 1200 pièces].

[Nous avons utilisé quelques-uns de ces comptes dans nos *Itinéraires de Philippe le Hardi et de Jean-sans-Peur*, et principalement le compte important de Thomas de Chapelles, qui ne se retrouve nulle part ailleurs].

TOME LIII. — EXTRAITS DE LA CHAMBRE DES COMPTES DE DIJON, III

In-4° de 230 fol., dem.-mar. r. [*entièrement de la main de dom Sallazard*].

Fol. 3. Compte d'Odot Douay, receveur général des subsides des fouages levés au duché de Bourgogne pour les LX mille francs octroyés au duc pour un an à partir du 1er jour de juin 1381 ; — compte du même pour 1382.

Fol. 8. Compte de Girart Coictier, receveur particulier ès-sièges de Beaune et de Nuys, 1382 ; — compte de l'hôtel du duc, en 1382-1383.

Fol. 11. Compte de Jean Bennot, receveur des aides ès-sièges de Beaune et Nuys, 1382-1383 ; —

extr. des comptes de Perrin de Saulx, trésorier de
Salins, 1383-86 ; — d'André Justot, receveur du
bailliage de Chalon, 1382 ; — de Guillaume Paisseaul, receveur des fouages du bailliage de Chalon,
1384 ; — devis de la dépense à faire chaque jour
si le roi vient en Bourgogne, 19 avril 1383 ; — fol. 19,
contrôle de la dépense de l'hôtel du duc de Bourgogne, par Etienne de Heiz, aumônier du duc, 1382 ;
— compte d'Amiot Arnaut, receveur général des
finances, 1383-4-5-6 ; — comptes de Demongeot
Joly, de Nuys, 1384 ; — compte de l'hôtel ducal
pour 1384.

Fol. 28. Mémoire pour la fondation des Chartreux
de Dijon, cherche des feux du bailliage de Chalon,
en 1384 ; — compte d'Oudot Donay, receveur général des aides accordés au duc, 1384 et années
suivantes.

Fol. 47. Quittance des joyaux prêtés par le roy
Charles pour les noces des enfants du duc de Bourgogne, Paris, 10 mai 1385.

Fol. 61. Analyse d'un compte de dépenses de
l'hôtel, 1386 et années suivantes ; — 69, extr. du
compte de Huet Hanon, trésorier général, 1364 ; —
extr. des comptes des joyaux, 1396 ; — fol. 77, quelques lettres missives de Philippe le Hardi, 1397 ; —
compte de joyaux, 1390-1392 ; — compte de Jean
d'Auxonne, receveur général de l'aide, 1390-1392 ;
— compte d'Amiot Arnaut, 1391 ; — de Maciot
Estibourg, maître de la chambre aux deniers, 1392
et années suivantes ; — de Jean de Saint-Sauveur,
curé de Faucoigney et receveur du dit lieu pour le
duc, 1376 ; — de Simon Milorey, qui lui succède en

1381 ; — chevaliers qui accompagnèrent le duc en
Bretagne, 1392 ; — compte de joyaux, 1393 ; — de
Jean de Cerilly, receveur de la Montagne, 1393 ; — de
Guillaume Paisseaul, receveur des fouages de Chalon, 1393 ; — comptes d'achats de joyaux, 1393 ; —
de Monin Berthot, de Troyes, commis de Jean Bau-
duin, mayeur de la ville de Beaune, 1393 ; — de Jean
Quinot, de Beaune, 1394 ; — de Milot le Changeur,
receveur du grenier à sel de Beaune, 1396 ; — de
Thevenin Vigier, receveur des aides à Beaune, 1394-
1399 ; — de Robert Monnot, receveur de Beaune et
Nuits, 1393, puis châtelain de Beaune et de Pom-
mard.

Fol. 157. Compte de Huguenin Bertheaut, receveur général des aides, 1393 ; — contrôle de la
dépense de l'hôtel ducal, 1395 ; — compte des joyaux
et achats, 1395 ; — compte de Guyot de Bray, maître
de la chambre aux deniers, 1396-1397. — Extr. des
V^e, VIe, VIIe et VIIIe comptes de Maciot Estibourg,
1396 ; — compte de Guillaume de Foissy, receveur
particulier au bailliage de Chalon pour l'aide de
5,000 l., 1396.

Fol. 191. Compte de Joceran Frepier, receveur
général, 1397 ; — compte de joyaux, 1398 ; — comptes
de Mathieu de Saint-Omer, contrôleur de l'hôtel
ducal, 1399 ; — de Robert de Bailleux, maître
d'hôtel, 1398 ; — de Pierre d'Aigneville, receveur
de l'aide au bailliage de la Montagne, 1399 ; — de
Joceran Freppier, receveur général de l'aide, 1399 ;
— de Guillaume de Foissy, receveur particulier au
bailliage de Chalon, 1399 ; — compte de Robert de
Bailleux, maître de l'hôtel ducal, 1399 ; — de Jean

Moisson, receveur particulier de Dijon, Saint-Jean-
de-Losne, Auxonne, Pontailler, Saulx et Lanthenay,
1399 ; — de Laurent Vigoreul, receveur de Beaune
et Nuits, 1399 ; — de Jean Chousat, trésorier de
Dole, 1399-1403.

[Ce vol. contient l'analyse d'environ 2,000 pièces
de mandements et actes de toute nature].

Tome LIV. — Extraits de la chambre des comptes de Dijon. IV

In-4° de 455 p., dem.-rel. m. [*entièrement de la
main de dom Sallazard*].

Fol. 3. Lettre du duc de Bourgogne à son amée
tante la duchesse d'Autriche ; — d'Antoine de Toulongeon, maréchal de Bourgogne, de la duchesse de
Bourgogne à sa tante la duchesse d'Autriche. Inventaire des titres concernant la duchesse d'Autriche
et envoyés à Bâle, en juin 1418 (analyse de pièces
de 1377 à 1418) ; — contrôle de la dépense de l'hôtel
ducal, par Mathieu de Saint-Omer et Robert de
Bailleux, 1400-1401 ; — comptes de joyaux, 1400 ;
— comptes de la châtellenie de Saumaise, 1400 ; —
compte de Pierre d'Aigueville, receveur au bailliage
de la Montagne, 1402-1403 ; — compte de Jean Aubert, maître de la chambre aux deniers de la duchesse, 1400-1402 ; — de Pierre de Montbertaud,
1392 ; — cinq comptes de Jean Aubert jusqu'en
1404 ; — de Thevenin Vigier, receveur des aides de
Beaune, 1400 ; — de Jean Chousat, de Poligny,
trésorier du comté, 1400 ; — comptes de joyaux,

1401 ; — de Guillaume de Foissy, receveur des aides de Beaune et Nuits, 1402-1403 ; — comptes de Robert de Bailleux, maître de la chambre aux deniers du duc, 1401 ; — comptes de joyaux, 1401 ; — fol. 49, emplettes d'étoffes de soye pour la livrée des seigneurs qui assistent aux noces du comte de Réthel, 1402 ; — achats de joyaux, 1402 ; — emplettes pour l'accouchement de la comtesse de Réthel et le baptême de Jean de Réthel, son enfant, 1402 ; — frais pour la réduction de la Corne de Rougemont, 1403 ; — comptes de joyaux, 1403 ; — frais pour l'enterrement de Philippe le Hardi, 1404 ; — fol. 97, lettre de Jean Chousat aux gens des comptes à Dijon, relativement à ce que le duc fait à Paris, 1405.

Fol. 102. Inventaire des joyaux que le duc donne en gage à Guillaume Sanguin pour 25,600 écus, 1405 ; — compte de Pierre d'Aigueville, receveur du bailliage de la Montagne, pour les aides, en 1406 ; — de Guyot Lejay, maître de la chambre aux deniers de la duchesse, 1406-1409 ; — fol. 148, lettre close du duc Jean demandant de l'argent pour faire le mariage de ses filles, 1406.

Fol. 162. Compte d'achat de joyaux, 1406 ; — traité d'alliance du duc avec Jean le Maingre, dit Boucicaut, 18 juillet 1407 ; — vente de joyaux après la mort de la duchesse, sa mère, par le duc Jean, 1407 ; — fol. 195, compte de la recepte de Guillaume Chenilly, receveur général, 1407-1408 ; — compte de Jean de Pressy, receveur général, 1408, liste entière des pensions à volonté ; — fol. 200, extr. du VIII⁰ compte de Jean de Velery, maître de la chambre aux deniers du duc, 1408 ; — fol. 234, joyaux

donnés en étrennes au premier jour de l'an 1408;
— fol. 246, tapisseries et autres meubles provenant
de la succession du duc, donnés en garde à Jean de
Neufport, valet de chambre et tapissier du duc; —
fol. 247, compte IX° de Jean de Velery, maître de
la chambre aux deniers, pour 1409; — de Guillaume
du Bois le Jeune, receveur de Beaune, 1413; — de
Jean Bonvalot, chargé des frais des fortifications de
Beaune, 1415; — incendie de Salins, 1409; — siège
de Valexon, 1409; — contrôle de la dépense du
comte de Nevers, 1409; — achats de joyaux, 1409;
— étrennes de 1409; — compte de Guyot le Jay,
maître de la chambre aux deniers de la duchesse,
1409; — fol. 279, parties de biens meubles baillés
à Révérend Père en Dieu Martin Porée, évêque
d'Arras, conseiller et confesseur de mondit seigneur; — gages des officiers de la vénerie, 1409;
— fol. 273, frais du siège de Valexon, commencé le
22 septembre 1409, terminé et pris le 22 janvier
1410 (n. st.); — achats de joyaux de Guillaume Sanguin, de Paris, 1410; — compte de Jean Guinot, de
Beaune, receveur de l'aide de 20,000 l., 1410; —
compte de Pierre d'Aigueville, receveur du bailliage
de la Montagne, 1410; — compte de Dommingin
Gautherin, receveur du bailliage de Dijon, 1410; —
compte de Jean Perrot, de Dijon, receveur de l'aide
à Dole, 1410; — compte de Regnault de Thoisy,
receveur général du duché, 1410; — d'Anceau Flaichaut, receveur de l'aide à Chalon, 1410; — achats
de joyaux d'Audrieu d'Esparnon et Denisot Breton,
changeurs et bourgeois de Paris, 1410; — fol. 317,
parties de draps de soye et autres que Jean le Vo-

leur, peintre et valet de chambre du duc, a livrées
pour le tournoy et la jouste faits à une feste à
Brucelles, janvier 1410 (n. st.) ; — fol. 326. Extrait
du compte de Jehan Velery, maître de la chambre
aux derniers du duc pour 1411 ; — compte de Jacquot Vurry, trésorier de Dole.

[Ce vol. contient environ 500 pièces].

TOME LV. — EXTRAITS DE LA CHAMBRE DES COMPTES DE DIJON, V

In-4, de 337 fol., dem.-mar. r. [*en entier de la
main de dom Sallazard*].

Fol. 1. Avis et discussions sur la question de sa-
voir l'intérêt ou le dommage résultant pour le duché
et le comté de Bourgogne de faire tenir le Parlement
du comté à Besançon, 1412 ; — achats de vaisselle
d'or et d'argent de Denisot Breton, de Paris, pour les
étrennes de 1412 ; — id. de Thomassin Orlant et d'An-
dry d'Esparnon de Paris ; — fol. 42, frais de trans-
port des enfants de Bourbon, prisonniers détenus à
Montbard au château de Bracon, 11 juin 1412 ; —
emprunt pour faire le siège de Château-Chinon, 20
juin 1412 ; — fol. 50, lettre close de la duchesse et
trois lettres closes de Jean-sans-Peur aux officiers de
la chambre des comptes, au sire de Villaines et au
trésorier de Dôle, 1412 ; — fol. 59, six lettres closes
de la duchesse à divers, 1412 ; — joyaux et vaisselle
achetés en étrennes pour 1412 ; — compte de Regnault de Thoisy, receveur général du duché, 1413;
— fol. 94, le duc mande à la duchesse que la terre de

Noyers, étant en vente, il faudrait consacrer à l'achat
une partie de l'aide accordée par les États, 17 août
1413; — compte d'Oudot Flaichaut, receveur du bailliage de Chalon, pour l'aide octroyée en 1423; — contrôle de l'hôtel de la duchesse, 1413-1414; — joyaux
en étrennes pour 1414; — fol. 144, lettre close du
chancelier de Bourgogne Jean de Saulx sur le départ
précipité du duc Jean de Paris en Flandre, 23 août
1413; — lettre close de la duchesse, 19 août 1413;
— inventaire de joyaux confiés à Jean de Noident,
conseiller et receveur général des finances, et à Jean
Chousat, conseiller du duc, 1414; — diamants donnés
par monseigneur le duc aux dames et damoiselles à
Salins, le 4ᵉ jour de février 1414, quand monseigneur
de Savoye fut devers luy; — fol. 153, règlement
du nombre des officiers et des salaires dans chaque
bailliage et châtellenie, 1415; — compte de Jean
Moisson, receveur du bailliage de Dijon, 1415; —
marché de blé et avoine pour l'hôtel de la duchesse;
— fol. 180, lettre close de la duchesse au seigneur
de Beaujeu, bailli d'Autun, 1ᵉʳ juin 1416; — fol. 215,
deux lettres closes du duc Jean, 1416; — compte de
Raoulin de Machy, trésorier et receveur du partiage
d'Auxerre en la saunerie de Salins, 1417; — le duc
Jean affranchit le bourg dessus Salins, 28 mai 1417;
— compte de Jean de Savoigny, receveur du bailliage d'Auxois, 1417; — compte de Jean de Velery,
maître de la chambre aux deniers du duc, 1417;
— fol. 242, traité de paix pour la reddition du château
de Nogent, 18 juillet 1417; — fol. 243, charte du
roi Charles pour la réparation de l'hôtel d'Artois, à
Paris, appartenant au duc de Bourgogne « lequel

hostel les Armignacs ont gasté et désolé, rompu huis, fenestres, serrures, ars les planchers », etc., 24 juillet 1418; — lettre du seigneur de Toulongeon sur la soumission de la ville de Troyes au roi, 1ᵉʳ août 1417; — fol. 257, engagement des habitants de Brienon de ne point quitter le parti du duc ni du roi, 4 octobre 1417; — donation de Cruzy à Renier Pot; — contrôle de la dépense de l'hôtel ducal pour 1417-1418; — lettre de Jean Chouzat aux officiers de la chambre des comptes sur l'entrée des Bourguignons à Paris, 30 mai 1418; — donation de Chaussin à Jeanne du Peschin, dame de Gyac et à Pierre de Gyac, son fils, sa vie durant; — fol. 404, mandement de la duchesse en faveur de Jeanne de Montagu, dame de Rougemont et de Ruffey, fille de Jean, seigneur de Sombernon, contenant que Pierre de Montagu, frère du dit Jean et oncle de Jeanne sont morts le 1ᵉʳ avril 1418, dont la dite Jeanne et sa sœur la dame de Sombernon sont héritiers pour la terre de Mâlain, dont l'entrée leur a été refusée par Guillaume de Villers, neveu de Pierre; — règlements et dispositions prises par les échevins de Dijon pour les obsèques de Jean-sans-Peur.

[Ce volume contient environ 1000 pièces].

TOME LVI. — EXTRAITS DE LA CHAMBRE DES COMPTES DE DIJON, VI

In 4° de 253 fol. dem.-mar. r. [*entièrement de la main de dom Sallazard*].

Fol. 1 *bis*. Extrait du compte de Jean de Velery,

maître de la chambre aux deniers du duc, 1412; —
contrôle de la dépense de l'hôtel ducal, 1412; —
autre compte ou contrerolle de la dépense de l'hôtel ducal, 1412-1414; — compte du contrerole de la
dépense de l'hôtel par Etienne Morel, en 1413; —
de Jacquot Vurry, de Dole, trésorier du comté, 1412-
1413; — fol. 20, lettre close de Jean de Neufchas-
tel à la duchesse, 1412; — de la duchesse au sire
de Courtivron; — travaux pour la fortification de
Pouilly-en-Auxois, 1412; — fol. 50, pension à Jean-
nette, femme de Monnot Machefoing, châtelain de
Rouvre, qui a nourri le comte de Charolais, 1409;
— fol. 66, trois lettres de la duchesse au bailli de
Dijon et aux maitres des comptes, 1413; — fol. 82,
de la duchesse à Perrin de Ravières, commis à la
recette d'Auxois, 1411; — compte de Jean de Velery, maitre de la chambre aux deniers du duc,
pour 1411; — contrôle de la dépense de la duchesse,
1413; — fol. 111, lettre close de la duchesse à Pierre
de Clugny, bailli de Vézelay, 1413; — au procureur
au bailliage d'Auxois, id.; — contrôle de l'hôtel ducal pour 1405; — lettre du duc à Jean de Cour-
chappon, commis au gouvernement de la trésorerie
de la saunerie de Salins, 1406; — de la duchesse à
Perrenot le Monniat, trésorier de Vesoul, 1414; —
de la duchesse à Jean Benoit, commis à la recette de
la trésorerie de Vesoul, 1414; — rente à Antoine de
La Marche, chevalier et chambellan, vu les services
rendus par son père Guillaume de La Marche, bailli
de Chalon, 1414; — fol. 154, contrôle de la dépense
de l'hôtel ducal, 1405; — lettre de la duchesse aux
officiers de la chambre des comptes, 1411; — fol.

204, trois lettres closes du duc, 1414; — fol. 205,
deux lettres de la duchesse et deux du duc Jean,
1414; — contrôle de la dépense ordinaire et extra-
ordinaire de l'hôtel du duc, par Etienne Morel, contrôleur, 1411; — fol. 209, deux lettres de la duchesse, 1414; — fol. 310, trois lettres de la duchesse,
1414; — compte de Jean de Velery, maître de la chau-
bre aux deniers du duc, 1414; — fol. 215, lettre de
Guyot de Jaucourt aux gens des comptes à Dijon;
— extr. du compte de Jean le Moniat, trésorier de
Vesoul, 1417.

[Ce vol. contient environ 1500 pièces].

TOME LVII. — EXTRAITS DE LA CHAMBRE DES COMPTES DE DIJON, VII

In-4° de 316 p. dem.-mar. r. [*entièrement de la
main de dom Sallazard*].

Fol. 1 *bis*. Lettre de la duchesse à Pierre Baillet
grenetier à Paray, 1414; — du duc aux gens des
comptes, 1407; — de Girard de Bourbon aux mêmes,
1407; — du duc aux gens des comptes, 1407 (deux
lettres); — fol. 5, deux lettres du duc aux mêmes,
1407-1408; — nombre d'autres lettres du duc Jean-
sans-Peur et de la duchesse, sa femme; — achats de
joyaux et de vaisselle d'or et d'argent, 1406; — fol.
16, dépenses pour l'arrivée et le séjour du duc de
Lorraine à Châtillon, lorsqu'il fit le siège de Rougemont, 1411; — nomination d'Ellon de Jacqueville,
chevalier, conseiller et chambellan du duc, comme
capitaine de Rochefort en Comté, 1415.

[Ce volume contient environ 2000 pièces relatives au règne de Jean-sans-Peur].

Tome LVIII. — Extraits de la chambre des comptes de Dijon, VIII

In-4° de 374 fol., dem.-mar. r. [*entièrement de la main de dom Sallazard*].

Fol. 3. Lettre close du duc aux gens des comptes pour travaux à faire aux fortifications de Talant, 29 mars 1418. — Pièces analysées pour le règne de Jean-sans-Peur, de 1404 à 1419; — fol. 41, lettre du duc de Bourgogne à la duchesse d'Autriche, sa tante, 12 may 14....; — de la duchesse au bailly de la Montagne, 1415; — fol. 51, traité avec Claux Sluter pour le tombeau du duc, 1404; — fol. 54, lettre close de la comtesse de Nevers et de Rethel et dame de Donzy à son cousin le prince d'Orange et d'Arlay, s. d., au sujet de la prise du château de Cuffy et autres places en Nivernais. — Lettre du duc aux gens du conseil à Dijon « Et sur ceste matière créez à ce que de nostre part vous en dira nostre amé et féal chevalier, conseiller et chambellan, le seigneur de Chanzy, auquel avons chargé de vous en parler de par nous »... 1431; — fol. 64, extr. du contrôle de la dépense de Pierre de Fontenoy, maître d'hôtel du duc, et Jean Morel, contrerolleur de la dépense, 1405. — Lettre du comte de Charolois au capitaine du château de la Colonne, 1410. — Mort d'Elyon de Jacqueville, capitaine du château de Rochefort, décembre 1417. — Compte d'habillements et vêtements

pour les officiers du duc, 1407. — Lettre de Philippe
Munier, dit Jossequin, conseiller du duc, au sujet
de la nomination à faire des échevins, 1416 ; — de
la duchesse au capitaine châtelain de Montréal,
pour ayder au secours, sûreté et défense dudit
Montréal, 1417 ; — fol. 87, Catherine de Bourgogne,
duchesse d'Autriche, retient Marie d'Ayne, dame de
La Marche-en-Bresse, comme dame d'honneur aux
gages de 60 francs, janvier 1422 ; — fol. 95, lettre
du duc aux officiers de la Chambre des Comptes,
1412 ; — rôle de robes faites par Guillemin Martin,
tailleur du duc Jean-sans-Peur ; — fol. 119, mandement du duc au sujet du meurtre commis à Pouil-
lenay-les-Flavigny, par Katerin de Serin, son échan-
son qui avait tué un valet d'Huguenin de Montjeu,
son pannetier, pensant qu'il était de la suite du
comte de Joigny, 1404 (très curieux) ; — fol. 130,
Guillaume de Noyers veneur du duc, 1396 ; — fol.
140, le duc gratifie Jean Davou, son écuyer, de 100
livres, 1413 ; — fol. 167, rente en faveur des petits
enfants de Jeanne d'*Oisilier*, femme de Jean de
Vienne, amiral de France, lesquels eurent pour
fils Philippe, qui eut un fils Jean, dont un enfant du
même nom, duquel Jeanne était tutrice. — Lettre
du duc au bailly d'Amont, 1415 ; — fol. 173, liste des
officiers de vénerie, 1416 ; — fol. 181, gratification
à Guillaume d'Aubenton, valet de chambre du duc,
alors d'un grand âge, 1398-1409 ; — fol. 187, pièces
de tapisseries commandées par le duc après la bataille de Liège, dont *il voulut avoir toute l'histoyre
représentée*, 1408 ; — fol. 193, lettre close du châtelain de Gray à la duchesse d'Autriche, s. d. ; — fol.

209, extrait des comptes de Jean de Vizon, receveur général de Bourgogne, 1442-1448; — fol. 232, don à Olivier de La Marche de 6 tasses d'argent pesant 10 marcs pour le baptême d'une de ses filles que le duc a tenue sur les fonts, 1456; — fol. 249, lettre de Philippe le Bon, 1436; — de la chambre des comptes au duc, 1436; — fol. 279, extrait des comptes du trésorier de Salins, 1439, 1443; — Comptes de Regnault d'Aubenton, receveur d'Auxois, 1444-1445; — de Guyot Aubry, 1445; — de Guillemin de la Boue, 1444, 1447; — Aubry Barbier, 1447, 1449 et 1473; — d'Henry Febvre, receveur de Faucogney, 1472-1477; — fol. 293, extrait des archives de la chartreuse de Dijon; — de Jean Vurry, trésorier de Dôle, 1468; — de Jean Tonbien, trésorier du comté et du bailliage d'Aval, 1433; — fol. 352, lettre de Catherine de Bourgogne, duchesse d'Autriche, au bailli d'Amont, 1414; — fol. 370, lettre du duc au roi, 2 juin 1458; — autres lettres du duc Philippe le Bon à divers; — extr. du compte de l'hôtel ducal en 1370.

[Vol. contenant environ 3500 pièces analysées.

TOME LIX. — EXTRAITS DE LA CHAMBRE DES COMPTES DE DIJON, IX

In-4 de 96 fol. dem.-mar. r.

Fol. 4. Déclaration du roi Charles VI au sujet des meurtriers du duc Jean-sans-Peur; — fol. 118, instruction au sujet du château de Noyers, ravagé par les gens du bâtard de la Baulme, 1422. — Let-

tres du roy permettant au duc de lever des troupes
pour son voyage en Terre-Sainte, 1443 ; — fol. 11,
liste des chevaux, charrettes et sommiers deus à
M⁰ le duc quand il les mande pour son ost ou che-
vauchées, s.d...; — fol. 13-83, instruction des
ducs et des rois pour la chambre des comptes, 1451-
1493, copie du temps.

TOME LX. — REGISTRES DE LA CHAMBRE DES COMP-
TES, REGISTRES 1 A 5

Vol. in-4 de 772 fol. dem.-rel. m.

Copie de pièces in-extenso du XIVᵉ au XVIᵉ s. avec
table à la fin.

TOME LXI. — REGISTRES DE LA CHAMBRE DES COMP-
TES, REGISTRES 6 A 26

Vol. in-4 de 145 p. dem.-rel. mar.

Copie de pièces in-extenso du XVIᵉ au XVIIᵉ siècle
avec table à la fin ; — nombre considérable de diplômes de François Iᵉʳ et autres rois ses successeurs ;
— 1558, 9 mai, provision de Henri II pour François
de la Magdelaine, comme bailli d'Auxois ; — 1597,
juin, érection de la terre de Ragny en marquisat.

TOME LXII. — REGISTRES DE LA CHAMBRE DES COMP-
TES, REGISTRES 27 A 39

In-4 de 766 fol. dem.-rel. mar.

Copie de pièces in-extenso du XVIIᵉ siècle avec
table à la fin.

TOME LXIII. — REGISTRES DE LA CHAMBRE DES
COMPTES DE DIJON

In-4 de 1236 p. dem.-rel. mar.

Analyse très sommaire des actes contenus dans
tous les registres, sans table alphabétique. On voit
que François Ier était à Dijon le 19 juillet 1521.

TOME LXIV. — REGISTRES DE LA CHAMBRE DES
COMPTES DE DIJON

In-4, de 584 fol. dem.-rel. mar.

Analyse très sommaire des actes contenus dans
les registres du xviie siècle.

TOME LXV. — COMPTES.

In-fol. de 393 fol. dem.-rel. mar.

Fol. 1. Analyse des comptes rendus par Pierre
d'Orgemont, Guy Rabby, doyen de la Sainte-Chapelle, Jean de Baubigny, Huet Hanon, trésoriers,
Jean Donay et Antoine Pasté, de la Toussaint 1354
à la Toussaint 1355 ; — fol. 2, analyse du compte de
Dimanche de Vitel, receveur général, de la Toussaint
1352 à la Toussaint 1353, de la Toussaint 1353 à la
Toussaint 1354, 1355-1356, 1356-1357, 1357-1358.
Fol. 9. Extraits du compte de Dimanche de Vitel,
receveur général, pour 1359-1360, 1360-1361, 1363-
1364, 1364-1365, 1365-1366, 1366-1367.
Fol. 18. Comptes de Huet Hanon, trésorier du

duc, du 1er mai 1367 au 1er mai 1368, 1368-1369,
liste des présents faits par le duc Philippe le Hardi
aux seigneurs de sa cour lors de son mariage.

Fol. 25. Comptes de Robert d'Amancey, 1370-
1372, d'Amiot Arnaut, 1372-1373, 1373-1374, 1374-
1375, 1375-1376, 1376-1377, 1377-1378, 1378-1379,
1379 au 1er juin 1382, 1382 au dernier mai 1383,
1383-1384, 1384-1385, 1385-1386.

Fol. 43. Compte de Pierre Celier, receveur général des finances du duc, 1386-1387, 1388, 1390-1392,
— fol. 50, comptes d'Odot Donay, 1388, 1389 ; de
Guillaume Bataille, receveur général, 1390-1391,
1392 ; de Josset de Halle, argentier, 1386, 1387, 1388,
1389, 1390, 1391, 1392.

Fol. 54. Comptes de Jean d'Auxonne, receveur
général, 1388, 1389, 1390.

Fol. 54. Comptes de Pierre Varopel, receveur général des finances après Pierre Celier, 1389, 1390 ;
— comptes de Josset de Halles, trésorier général,
1392, 1393, 1394 ; — de Pierre de Montbertaut, depuis le 26 juin 1394, 1395, 1396.

Fol. 63. Comptes de Joceran Frepier, receveur
général, depuis le 25 mars 1396, 1397, 1398, 1399,
1400 ; — fol. 64, comptes de Guillaume Chenilly,
receveur général, depuis le 6 août 1400, 1401, 1402,
1403, 1404, 1405, 1406, 1407, 1408, 1409.

Fol. 64. Comptes de Jean Despoulettes, receveur-
général, depuis le 9 février 1396, 1397, 1398, 1399,
1400.

Fol. 70. Comptes de Jean Chousat, depuis le 22
mars avant Pasques 1400, 1401, 1402, 1403, 1404,
1405, 1406.

Fol. 78. Comptes de Jean de Pressy, receveur-général, du 22 novembre 1406, 1407, 1408.

Fol. 90. Comptes de Jean de Noidant, 1408, 1409, 1410, 1411, 1412, 1414, 1415, 1416, 1417, 1418, 1419.

Fol. 106. Comptes de Renaud de Thoisy, commencé au 12 avril 1409 à 1414; de Jean Moreau, receveur général, du dernier mars 1410; de Robert de Bailleux, du 1ᵉʳ mars 1411, 1412; de Joceran Freppier, 1412; de Pierre Macé, 1413, 1415; de Jean Fraignot, 1415, 1417, 1420, 1421, 1422, 1423, 1424, 1425, 1426.

Fol. 133. Comptes de Guy Guilbault, receveur général, depuis le 3 octobre 1419, 1420, 1421, 1423; de Mahiet Regnault, receveur général, 1426, 1427, 1428, 1429, 1430, 1431, 1432, 1433, 1434, 1435, 1436, 1437.

Fol. 155. Comptes de Louis de Visen, receveur général, du 1ᵉʳ janvier 1438, 1439, 1440, 1441, 1442, 1443, 1444, 1445, 1446, 1447-1450, 1451-1457.

Fol. 167. Comptes de Hugues de Faletans, receveur-général, du 1ᵉʳ janvier 1457, 1458-1464; — de Pierre le Carbonnier, receveur-général, du 1ᵉʳ octobre 1464, 1465.

Fol. 168. Comptes de Jean Druet, receveur-général, du 1ᵉʳ octobre 1466, 1467; — de Jean Lescaghe, receveur-général, du 1ᵉʳ octobre 1471, 1472; — de Jean Vurry, receveur général, du 1ᵉʳ octobre 1473, 1474, 1475, 1476, 1477.

Fol. 178. Comptes de Jean Riboteau, depuis le 17 décembre 1477, 1478, 1479.

Fol. 185. Comptes de Dimanche de Vitel, 1364, et autres analysés et copiés par dom Aubrée.

Fol. 214. Quelques analyses de la main de Pérard.

Fol. 218. Comptes *originaux* sur papier de Guiot de Saules, recepveur de Sivry-en-Montagne, dès 1486.

Fol 319. Compte [*original*], troislème que rend Loys Jantot, à noble homme Philippe de Drée, escuyer, seigneur de Gissey-le-Vieulx et de Thorey en partie des receptes et mises par ledit recepveur pour cinq ans... mars M. Cᵉ XXX VIII...

Tome LXVI. — Parlement

In-fol. de 145 fol. dem.-rel. mar.

Parlement et conseils des ducs de la première race, brouillons de dom Plancher; chambre des comptes, extraits des anciens registres du Parlement de Beaune (de la main de dom Sallazard).

Fol. 46. Mémoire pour servir à l'histoire du Parlement du Comté de Bourgogne.

Tome LXVII.

Inventaire général des registres du Parlement de Dijon, in-fol. de 437 fol. dem.-rel.-mar.

Cet inventaire est rangé sous forme de table alphabétique des matières.

Fol. 77. Entrée des rois à Dijon et leurs passages; — 20 avril 1564, entrée de Charles IX; — 27 juin 1595, entrée de Henri IV, salué par le Parlement; — 29 janvier 1629, Louis XIII; — 1650 et 1658, Louis XIV. — Entrées des reines à Dijon; — entrées des gouverneurs de la province.

Fol. 125. Honneurs rendus à des personnages extraordinaires lors de leurs passages à Dijon.

Tome LXVIII

In-fol. de 390 fol. dem.-rel.-mar.

Extrait de l'inventaire des chartes du roi par Dupuy, pour la Bourgogne, Lionnois, Dauphiné, Provence, avec un autre extrait des mémoires sur la Bourgogne, tiré d'un ancien manuscrit de la bibl. du Président de Barentin.

Tome LXIX. — CHARTES ET PIÈCES DIVERSES.

In-fol. de 337 fol. dem.-rel.-mar. r., en partie écrit par dom Sallazard du fol. 184 à la fin.

Fol. 34-45. Chartes extraites des abbayes de Saint-Germain-d'Auxerre, Pontigny ; quelques pièces copiées par Pérard.

Tome LXX. — CHARTES ET PIÈCES DIVERSES.

In-fol. de 315 fol., dem.-rel. mar. r. Originaux et copies de diverses mains, Pérard, dom Sallazard, xve et xvie s. en partie.

Fol. 83-88. Des personaiges et moralités posées à la joieuse venue de monsieur le duc Charles en sa ville de Dijon, pour prendre possession de son duché de Bourgogne.

Fol. 93. Réception du serment des bourgeois de la paroisse de Saint-Michel de Dijon par Jean de

Bauffremont, seigneur de la Roche (écriture de Pérard).

Fol. 252. Testament de Théodore de Bèze, 1605.

Fol. 295. Lettres de validation de la dépense faite devant le siège de Seurre, 1661.

Tome LXXI. — Chartes diverses.

In-4° de 462 fol. dem.-rel.-mar., copies de divers, dom Plancher et principalement de dom Sallazard.

Brouillons et minutes des preuves données par dom Plancher et dom Sallazard dans l'*Histoire de Bourgogne*.

Tome LXXII. — Chartes diverses.

In-4° de 429 fol., dem.-rel.-mar. r., copies de pièces de dom Sallazard, Pérard et autres ; beaucoup de pièces sur les XIII° et XIV° siècles.

[A voir pour la suite des ducs de la 1°° race et pour Philippe le Hardi].

Fol. 130. V. pièce de 1336, Marguerite de Chalon, fille du comte d'Auxerre et de Tonnerre, notifie un accord passé avec Tristan de Chalon, son oncle, et ses frères au sujet de leur succession.

Tome LXXIII. — Biographie. Correspondance.

Fol. 3-16. Table de l'extrait de l'inventaire des chartes du roi par M. Dupuy, en un vol. intitulé : Bourgogne, Lionnois, Dauphiné, Provence.

Fol. 17-28. Table de l'extrait du recueil de Chartes de Bourgogne, par Pérard.

Fol. 29-33. Table du recueil sur les abbayes de Saint-Seine, Flavigny, Moutier-Saint-Jean, Montbard.

Fol. 34-36. Table de la continuation de l'histoire du Parlement de Bourgogne, depuis 1649.

Fol. 37-92. Extrait de l'inventaire des titres du roy ; — extr. des mémoires de du Chesne, Baluze, Chantereau ; — extr. des registres du Parlement de Paris.

Fol. 93-100. Extr. des lettres royaux.

Fol. 101-110. Extr. des vol. de la bibl. du roy.

Fol. 111-124. Brouillon de la main de dom Plancher, contenant les préfaces de son *Histoire de Bourgogne,* l'ordre des vignettes qu'il désire mettre à la tête des chapitres, etc.

Fol. 127-132. Notes de divers diplômes (de la main de dom Plancher).

Fol. 133-137. Extr. de divers auteurs (écriture de dom Plancher).

Fol. 138-139. Copie d'une note de Moreau de Mautour à propos d'une inscription de Bibracte en 1727.

Fol. 140. Lettre de Bocquillot, chanoine d'Avallon, à dom Plancher, Avallon, 1727, au sujet des reliques de saint Lazare.

Fol. 141. Lettre de Fr. J. Bretagne, moine bénédictin, à dom Urbain Plancher, religieux de Saint-Bénigne de Dijon, Auxerre, 15 juin 1730. Il le prie de consulter le ms. d'Héric dans la bibliothèque du président Bouhier, pour établir un point de disserta-

6*

tion sur laquelle il n'est pas d'accord avec l'abbé Lebeuf.

Fol. 143. Lettre de Fr. Gabriel de la Codre, religieux de Saint-Martin d'Autun, à dom Plancher, religieux de Saint-Bénigne, s. d. — Il lui donne l'indication de divers livres imprimés relatifs à Autun et à son église : « M. le prince d'Harcourt et « madame son épouse sont à Montjeu depuis environ « quinze jours, où M. notre abbé y est actuellement « pour la seconde fois. On dit que la princesse « viendra voir la maison abbatiale de Saint-Martin, « qui est à l'heure qu'il est très bien meublée. « On m'a dit hier que le révérend prieur de Saint- « Seine estoit retenu par la goutte chez un gen- « tilhomme à six lieues d'icy. Il devoit, à son retour « à Saint-Seine, nous envoier icy le père Rigolier à « la place de dom Claude Chevrau, pour qui iay fait « humainement tout ce qu'on pouvoit faire pour le « retenir, parce qu'il savoit que vous le souhaitiez « et que vous en espériez quelque secours. »

Fol. 145. Brouillon d'une lettre de dom Plancher à Papillon, s. d. Il parle d'une lettre de M. Juenin qui pensait comme Papillon au sujet de la rotonde de Saint-Bénigne et de la chapelle de Saint-Grégoire.

Fol. 147. Lettre de Toustain, moine bénédictin, à dom Plancher, religieux de Saint-Bénigne, Paris, 11 février 1724. Il lui indique quelques chartes provenant d'un cartulaire de l'abbaye d'Auy, qui se trouve chez l'abbé de Rothelin.

Fol. 149. Lettre de Moreau à dom Plancher, Paris, 1er décembre 1764. Il a reçu les deux lettres de

dom Plancher, et le ministre le compte au nombre des ouvriers nommés pour concourir à une
œuvre aussi utile aux lettres qu'honorable pour la
congrégation. « Je vous enverrai incessamment, de
« la part du ministre, mon instruction pour régler
« vos recherches et pour rendre vos opérations uni-
« formes avec celles de tous vos collègues, en at-
« tendant il vous demande deux. choses :

« 1° Un mémoire instructif sur l'objet du travail
« de dom Salazard dont vous êtes sans doute le coo-
« pérateur et l'associé, car nous avons intérêt de
« profiter de la besogne déjà faite. Dom Salazard a
« dépouillé beaucoup d'archives et de dépôts, il doit
« avoir des recueils très considérables et c'est déjà
« beaucoup.

« 2° Une liste ou un état général de tous les dé-
« pôts qui, dans la province de Bourgogne, peuvent
« fournir des lumières à l'histoire ou au droit public
« et dans lequel vous comprendrez non seulement
« ceux qui appartiennent au roy et aux églises,
« mais encore ceux dont des particuliers sont pro-
« priétaires. Ayez donc soin d'indiquer ceux qui
« ont desjà été dépouillés soit par dom Salazard,
« soit par vous ou d'autres de vos collègues, etc. »

Fol. 150. Lettre du ministre Bertin à dom Plancher, 10 janvier 1765. Il l'exhorte au nom du roi de
continuer son travail important, et compte sur des
copies exactes des monuments intéressants pour
l'histoire. Ceux qui sont à la tête des dépôts s'em-
presseront de concourir à ce but utile. L'intendant
de Dijon a reçu ordre de protéger son travail et
d'interposer ses bons offices auprès des églises et

des chapitres, pour seconder des recherches, dont
l'unique objet est de hâter le progrès d'une entre-
prise littéraire agréable au Roy et utile à la nation.

Fol. 151. Lettre du ministre à l'intendant de Dijon, 10 janvier 1765. Il lui donne ordre de faciliter
les recherches et l'accès des dépôts de la province
à dom Villevieille.

Fol. 153. Lettre de Moreau à dom Villevieille, 20
janvier 1765. Il l'exhorte à continuer son travail et
à envoyer des copies de chartes.

Fol. 155. Première instruction pour les bénédic-
tins de la congrégation de Saint-Maur, occupés aux
différentes histoires des provinces.

Fol. 156. Lettre de Moreau à dom Villevieille,
à l'abbaye de Saint-Bénigne, Paris, 17 février 1765
(autographe en entier). Il a reçu sa lettre du 30
janvier dernier. Il s'était donc trompé en croyant
qu'il travaillait avec dom Sallazard à l'histoire de
Bourgogne. Faut-il que le ministre écrive à dom
Sallazard pour le prier de communiquer sa récolte,
afin que dom Villevieille puisse faire transcrire les
titres les plus importants : «Parlez-moi à cet égard
franchement et comme à votre ami. »

... « Vous êtes nommé pour vous concerter avec
Dom Girou qui est à Saint-Benoît-sur-Loire et pour
être en correspondance de travail avec lui. » etc.
Longues recommandations sur la marche à suivre.

Fol. 158. Lettre de Moreau à dom Villevieille,
religieux de Saint-Bénigne, Paris, 21 avril, s. d. —
Il a reçu sa lettre du 16 ainsi que les notices des
chartriers de la ville de Dijon qui y sont jointes. Lon-
gue instruction pour le compte rendu des chartriers

de Saint-Bénigne. Il ne manquera pas de recevoir des fonds nécessaires pour ce travail qui lui fera le plus grand honneur : « Ne choquons point dom Sallazard, chaque savant a sa manière et on doit des ménagements. »

Fol. 159. Lettre de Moreau à dom Villevieille, 23 mai 1765. Il ne faut point prendre des inventaires de titres malgré les propriétaires. Instructions pour ce qu'il convient de prendre dans les titres de Saint-Bénigne.

Fol. 160. De Moreau à dom Villevieille, s. d. Il a reçu la continuation de son travail et l'en remercie. Il va le proposer au ministre pour la même opération dans quelque dépôt considérable.

Fol. 161. Du même au même, Paris, 7 octobre 1765. Il a reçu la dernière partie de l'inventaire de Saint-Bénigne. Le ministre n'oubliera point ses services.

Fol. 162. Du même au même, Paris, 3 janvier 1766. Il a montré au ministre l'inventaire de Saint-Bénigne, il en est très content et l'engage à continuer.

Fol. 163. Du même au même, Paris, 27 juin, s. d. Il lui fait envoyer 300 livres et demande si cette somme lui suffira pour le présent. Il le prie de faire à Saint-Etienne de Dijon le travail qu'il a fait à Saint-Bénigne. Le ministre lui écrira personnellement pour lui marquer sa satisfaction.

Fol. 164. Du même au même, Versailles, 8 juillet 1766. Il a lu au ministre sa lettre du 1er juillet. Les travaux qu'il a envoyés font désirer celui qu'il a fait sur N.-D. de Tart. « Je suis fort aise que les ar-

« chives des maisons de Vienne et de Damas vous
« soient ouvertes, l'exemple de ces maisons vous
« en fera sans doute ouvrir d'autres. Je vois par ce
« que vous me mandez que les ecclésiastiques mar-
« quent plus de défiance que les laïques ; on ne
« peut forcer personne, mais je me flatte que les
« aliarmes mal fondées se dissiperont. Au surplus,
« mon révérend Père, indiquez-nous à qui vous pen-
« sez que le ministre puisse écrire pour vous faire
« ouvrir les archives de Saint-Etienne et celles de
« l'hôtel de ville : celles-ci après tout appartiennent
« au Roy et le mauvais ordre qui peut y régner
« n'est qu'une raison de plus pour que Sa Majesté
« s'en fasse rendre compte. »

Fol. 165. Du même au même, Paris, 10 juillet,
s. d. Il a reçu les inventaires de Saint-Bénigne qu'il
emporte à Compiègne afin que le ministre les mette
sous les yeux du Roy. C'est un des bons ouvrages
qu'il a vus en ce genre. « Continuez de nous enri-
« chir... Je vous ferai expédier de Compiègne un
« mandat pour les fonds qui vous seront nécessai-
« res. »

Fol. 165. Lettre de Moreau à dom Villevieille,
Compiègne, 11 août, s. d. Le ministre est content
de ses envois. Il va expédier au R. P. Le Picard,
dépositaire général de la congrégation, un mandat
de 300 livres. Il l'engage à continuer avec le même
zèle.

Fol. 167. Lettre du ministre Bertin à dom Villevieille, Versailles, 19 octobre 1766. Il envoie deux
lettres, l'une à l'évêque de Dijon, l'autre à M. Boisot
pour faciliter ses travaux. Il attendra pour le recom-

mander au maire de Dijon et lui donner accès aux
archives de l'hôtel de ville, qu'il lui indique les me-
sures à prendre ; pour les archives publiques des
inventaires, pour les archives privées, des copies
d'actes.

Fol. 168. De Moreau à dom Villevieille, Paris, 21
décembre 1766. Il l'engage à continuer ses travaux
et lui fera tenir dans les premiers jours de janvier
une centaine d'écus.

Fol. 174-181. Reproduction de treize petites gra-
vures sur bois relatives à des monuments d'Autun,
à une inscription de Bibracte, etc. (J'ignore dans
quel ouvrage ces bois ont paru) .

Fol. 185. Croquis non achevé du mausolée de
Pierre, abbé de Saint-Bénigne, dont j'ai trouvé
ailleurs un bon dessin (*à comparer*), lavis médiocre.

Fol. 186. Autre mausolée probablement d'un abbé
de Saint-Bénigne, quatre personnages dont un porte
un écu avec croix (*curieux et à chercher*) (lavis
passable).

Fol. 187. Autre mausolée probablement d'un abbé
de Saint-Bénigne, un crucifix (*à chercher et comparer*) (lavis médiocre).

Fol. 188. Grand mausolée d'un Berbisey (grand
lavis in-fol.) (*à reproduire*).

Fol. 189. Statue de Philippe le Hardi (assez bon
lavis, robe rouge).

Fol. 191. Deux statues de Philippe le Hardi et de
sa femme, XIII° s. Dessin aux crayons noir et bleu,
sur papier gris, d'un mausolée brisé (*curieux, à chercher*).

Tome LXXIV. — Supplément.

Fol. 1. Famille d'Ambournay.

Fol. 7. Vidimus de l'affranchissement accordé par l'abbé d'Ambournay aux habitants du lieu, en 1452, ledit affranchissement de l'an 1298.

Fol. 13-33. Statues des religieux d'Ambournay, 1341.

Fol. 36-78. Copies de titres de l'abbaye d'Ambournay.

Fol. 79-80. Lettre de Germain, théologal d'Autun, à dom Thiebled, religieux bénédictin de Saint-Bénigne, Autun, 8 mars 1728. Il le remercie de ses sentiments d'affection pour sa famille et le prie de demander à dom Plancher ou à ses amis s'ils ont une idée de la date à laquelle l'église de Saint-Lazare d'Autun a été commencée et quel est le duc qui en a entrepris la construction. Il a dépouillé ses archives, mais les titres se contredisent à ce sujet. « M. l'évêque d'Autun n'aprouve pas que j'épluche « si fort la tradition et que j'en fasse pour ainsi « dire l'anatomie ; il ne se pique pas d'avoir du « goût et je ne cherche pas à lui plaire ; il a fait faire « un bréviaire composé par des gens qui n'ont jamais ouvert de livres et qui n'ont pas assez de « modestie, ou bien qui ne doutent de rien, pour « avoir fait revoir leur travail par des habiles gens « à Paris qui l'auroient corrigé. Vous scavez qu'il « y a longtemps que je ne plais plus à ces messieurs « et ce qu'il m'a fallu essuyer ; ils ne peuvent taxer « mon dessein de contenir des hérésies, car aussi-

« tôt on parleroit de lettres de cachet. Je n'ai d'au-
« tre but que de m'instruire et d'apprendre l'histoire
« de mon église, et je ne pense pas qu'on puisse le
« trouver mauvais. »

    « Vos scavans scavent-ils le nom de ce comte de
« Bar qui étoit autrefois enterré avec sa femme au
« milieu de notre chœur de Saint-Ladre, je ne pense
« pas qu'il puisse être autre que Thyerri qui avoit
« épousé Ermentrude, sœur de Mathilde, femme
« d'Eudes I.

    « Fleurine, fille d'Eudes et de Mathilde, et nièce
« d'Ermentrude, accompagna son père dans le
« voiage de la terre sainte et envoya son corps à
« Citeaux de l'Orient où il mourut.

    « J'attends une grande lettre que M. Bocquillot
« écrivoit autrefois à M. de Tillemont, où il prouve,
« à ce que l'on m'a dit, qu'Henry, fils d'Hugues le
« Grand, fit le voiage du Levant, dont il apporta la
« partie du crâne de saint Lazare, qui étoit pour
« lors à Constantinople dans l'église que Léon le
« Sage luy avoit fait batir, et qu'il a donné cette re-
« lique à l'église d'Avalon. Ce même M. Bocquillot
« a fait des observations sur les verbaux de M.
« l'évêque d'Autun, et auroit rencontré plus juste
« s'il avoit vu les verbaux latins dont je lui ai en-
« voyé une copie et qui sont ou faux ou interpolés.
« Sa lettre est dans le premier volume du mois de
« décembre du *Mercure de France*. »

    Fol. 81-84. Traité histor. des reliques de saint
Lazare.

    Fol. 86-87. Copie de quelques titres de Saint-
Martin d'Autun par dom Plancher.

Fol. 89-102. Mémoire sur l'abbaye de Baume-les-Messieurs.

Fol. 113-114. Inscriptions des tombes de l'abbaye de Bèze, d'après les mss. de Palliot (écriture de dom Plancher).

Fol. 115-131. Copies de pièces sur l'abbaye de Bèze, entièrement de la main de dom Plancher.

Fol. 132-135. Mémoire sur l'abbaye de Chateau-Chalon.

Fol. 136-171. Documents sur l'abbaye de Citeaux. Description de quatorze tombeaux. Extraits du martyrologe et de l'obituaire.

Fol. 172. Copie d'une pièce pour la fondation des Chartreux de Dijon, en 1387.

. Fol. 174-182. Copie de quelques titres originaux de l'abbaye de Fontenay. Description de l'église par dom Plancher. — Inscriptions et épitaphes des tombes relevées par dom Plancher.

Fol. 183-184. Notice sur l'abbaye des femmes de Lons.

Fol. 185-187. Notice sur l'abbaye de Lure.

Fol. 189-192. Testament d'Hugues de Chalon, seigneur d'Arlay, 1322.

Fol. 193-200. Titres pour l'abbaye de Migette avec notice historique.

Fol. 201-208. Abrégé de l'histoire de l'abbaye de Saint-Vincent de Besançon.

Fol. 209-226. Copie de pièces anciennes données par les évêques de Langres aux xiiᵉ et xiiiᵉ s.

Fol. 227-248. Quelques copies de pièces relatives à l'hôpital et à l'abbaye de Saint-Michel de Tonnerre.

Fol. 249-268. Bulles de la sécularisation de l'abbaye de Tournus.

Fol. 269-270. Notes sur le prieuré de Vaux-sur-Poligny, par dom Plancher.

Fol. 272-278. Quelques extraits des comptes de Dijon aux xive, xve s. (écriture de dom Sallazard ou de dom Magnin).

Fol. 279-290. Extr. des registres du Parlement de Dijon pendant la ligue du samedi 3 décembre 1588, les chambres assemblées.

Fol. 299-326. Voyage de dom Plancher. Brouillons écrits de sa main. Retour de la diette au mois de mai 1726. Départ d'Auxerre le 11 mai avec le prieur d'Ambournay, et dom P. Thivet, son célérier; passage à Reigny, Arcy-sur-Cure, Vézelay, Avallon, Quarré, Saulieu, Thoisy-la-Berchère, Thoisy-le-Désert, Pouilly-en-Auxois, Saint-Seine.

Voyage dans le comté. Départ de Saint-Bénigne le *20 mai 1726*. Passage à Mailly-l'Église, Dôle, Dampierre, Besançon, Quingey, Salins, Vaux-sur-Poligny, Poligny, Château-Chalon, abbaye de Baume-les-Messieurs, Lons-le-Saulnier, Baumes, Moirans, Saint-Claude, Nantua, Ambronai, Varambon, Bourg-en-Bresse, Ambronai, Lyon, Montluel, Mirebel, Lyon, Mâcon, Cluny, Cormatin, Messey, Chalon, Beaune, Nuits, Dijon, *25 juin*.

TOME LXXV à XC. — CHARTES DE CLUNI.

Pièces originales achetées à diverses époques. Voir L. Delisle, *Inv. des manus. de la Bibl. nat., Fonds de Cluni.*

Tome XCI

Fol. 1-22. Instruction pour les ambassadeurs que nos seigneurs assemblés à Nevers envoyeront devant le roy, 1441, brouillon sur papier du temps, vol. in-fol. de 22 fol.

Tome XCII

Vol. in-4 non paginé, rel. veau aux armes impériales, travail en entier de dom Aubrée, sauf les lettres qui sont en tête.

1° Lettre de F. Jean Mabillon à dom Guillaume Aubrée, religieux de Saint-Bénigne, du 15 juillet 1707.

2. Lettre de Fr. Maur Audren à dom Aubrée, du 11 septembre 1711.

3. Du même au même, du 18 janvier 1712.

4. Du même au même, du 9 avril 1712.

4. Du même au même et de même date.

5. Du même au même, 1713.

6. Du même au même, 7 juin 1713.

7. Du même au même, 16 septembre 1713.

8. Du même, au même, 16 octobre 1713.

9. Du même au même, 15 novembre, s. d.

10. De F. de Sainte-Marthe à dom Aubrée, à Saint-Bénigne, s. d.

11. De Sainte-Marthe à dom Aubrée en l'abbaye de Bourgueil, s. d.

12. De Legrand à dom Guillaume Aubrée, religieux de Saint-Germain-des-Prés, Versailles, 18 octobre 1714.

13. De Bignon à dom Aubrée, religieux bénédictin à Corbigny. Paris, 8 avril 1716.

14. D'Antoine, à dom Aubrée, datée de Vézelay, 15 avril 1716. Il lui adresse un paquet de l'intendant de Bourgogne et l'ordre du roi pour prendre communication des titres de la Chambre des
comptes de Dijon qui pourront lui servir.

15. Deux lettres du cardinal de Rohan à Aubrée,
du 3 mars 1722 et du 30 novembre 1722 (Copiées).

16. Certificat du cardinal de Polignac, attestant
que dom Aubrée est demeuré à Rome pour le ser-
vice du roi auquel il l'a employé depuis le mois
d'octobre 1724 jusqu'au 5 juin 1726.

Ces copies d'auteurs et d'analyses de pièces sont
peu importantes.

TOME XCIII. — COLLECTION DE DOM AUBRÉE, IV

Vol. in-4 de 200 fol. relié en vélin, et presque entièrement écrit par dom Guillaume Aubrée.

Fol. 1-42. Analyse des pièces concernant les
ducs de Bourgogne aux archives de la Chambre
des Comptes, contrats de mariages, testaments,
accords et transactions, tutelles, donations, alliances,
monnaies, fondations, lettres royales, traités de paix.
Toutes les pièces de chaque liasse sont analysées
avec soin par dom Aubrée.

Fol. 43-70. Inventaire des principaux titres du
trésor de la Chambre des Comptes de Dijon (dom
Aubrée).

Fol. 71-94. Inventaire des chartes du trésor de
Paris relatif à la Bourgogne (dom Aubrée).

Fol. 95-104. Relevé des matières contenues dans les 14 vol. ou portefeuilles de Pérard, doyen de la Chambre des Comptes de Dijon.

Fol. 105. L'ordre et la manière tenue à la réception faite en la ville de Dijon le mardi 28 de février 1473, de monseigneur le duc de Bourgogne et de madame Isabelle sa compagne.

Fol. 106. Liste des maires de Dijon, des vicomtes, etc.

Fol. 109. Extr. des comptes pour la dépense faite aux chartreux de Dijon.

Fol. 113. Des personnages et moralités passées à la joieuse venue de monseigneur le duc Charles en sa ville de Dijon pour prendre possession du duché de Bourgogne.

Fol. 116. Obsèques du duc Philippe le Bon, 1467.

Fol. 118. Extr. des comptes de Mathieu Regnault, 1432-1437.

Fol. 122. Epitaphe du bon duc Philippe, par Molinet.

Fol. 125. Mémoires tirez d'une histoire manuscrite de Cîteaux. Série des épitaphes qui paraît plus complète que celles qui seront signalées ailleurs (dom Aubrée).

Fol. 140. Liste des maires de Dijon (dom Aubrée).

Fol. 145. Mémoires pour la chronique du monastère de Saint-Seine (dom Aubrée).

Fol. 179. Epitaphes de l'église, cimetière et cloître de l'abbaye de Saint-Bénigne. Excellent travail avec des inscriptions bien copiées et des blasons bien dessinés. Il y a 171 inscriptions.

Il est indispensable de consulter ce travail pour

l'ordre qu'occupent les tombes dans les différentes
parties de Saint-Bénigne.

T. XCIV. — COLLECTION DE DOM AUBRÉE, V

Pièces pour l'histoire de Bourgogne de 1145 à
1361, in-4 vél. de 927 fol.

Entièrement écrit par dom Aubrée,— pièces rangées par ordre chronologique et copiées in-extenso.

T. XCV. — COLLECTION DE DOM AUBRÉE, VI

Pièces pour l'histoire de Bourgogne depuis 1361
à la fin du xvᵉ s., in-4 vél. de 409 fol.

Entièrement écrites par dom Aubrée, rangées
chronologiquement et copiées in-extenso.

TOME XCVI. — COLLECTION DE DOM AUBRÉE, VII

Contrats de mariages des ducs et de leurs enfants, xiiiᵉ, xvᵉ s., in-4 vélin de 679 fol. (De la
main de dom Aubrée).

TOME XCVII. — COLLECTION DE DOM AUBRÉE, VIII

Inventaire du domaine ducal, in-4, de 905 p. rel.
vélin.[Entièrement de l'écriture de dom Aubrée].

P. 1. Bailliage de Dijon ; — p. 21, Talant ; — 28,
Chenôve ; — 33, Saulx ; — 40, Lanthenay ; — 47,
Vergy ; — 58, Nuits ; — 64, Argilly ; — 92, Paleau ;
— 96, Beaune ; — 126, Saint-Romain ; — 133, Bra-
zey ; — 159, Rouvre ; — 214, Longecourt ; — 218,

Saint-Seine-sur-Vingeanne ; — 223, La Perrière-
sur-Saône.

P. 230. Pontailler-sur-Saône ; — 248, Fresnes-
Saint-Mamez ; — 250, Auxonne ; — 271, Chaussin ;
— 275, garde de Saint-Bénigne ; — 277, garde de
Saint-Vivant de Vergy ; — garde de Fleurey ; — du
prieuré de Saint-Sauveur ; — de l'abbaye de Cîteaux ;
— du prieuré de Savigny, de Notre-Dame-du-Che-
min, d'Ostelans en la châtellenie de Chaussin, de
Palleau.

P. 289. Fondations des chartreux de Dijon ; — 301,
chapelle ducale ; — 323, lettres royaux.

P. 361. Bailliage d'Auxois ; — 383, Vieuxchâteau ;
— 388, Montbard.

409. Avallon ; — 428, Montréal ; — 429, Châtel-
Gérard.

434. Arnay-le-Duc ; — 438, Pouilly ; — 453, Sal-
maise.

475. Lucenay, Glennes, Flavigny. '

485. Bailliage de la Montagne, Châtillon, Maisey,
Villiers-le-Duc.

502. Aisey-le-Duc , — 516, Duesme ; — 535, Vil-
laines-en-Duesmois.

543. Salives ; — 547, gardes au bailliage de la
Montagne.

574. Bar-sur-Seine ; — 576, Vendeuvre ; — 577,
Gyé-sur-Seine.

585. Bailliage de Chalon ; — 615, Germolles ; —
636, Montagne.

641. Buxy vers Chalon ; — 646, Courtevais ; —
648, Briancon.

642. La Colonne, la Perrière, Balmont; — 658, Cuserey-Oultre-Saône.

668. Sagy-Oultre-Saône; — 674, Louhans; — 677, Arc-en-Barrois.

678. Saint-Laurent-les-Chalon; — 681, Verdun-oultre-Soone.

700. Frontenay; — 704, gardes au bailliage de Chalon.

737. Bailliage d'Autun et de Montcenis; — 746, Montcenis.

763. Semur-en-Brionnais; — comté de Charrolois; — 834, Paray.

839. Perrecy; — 853, bailliage de Noyers.

Ce recueil donne l'analyse d'environ 4000 pièces dont la plupart existent encore en original aux archives de la Côte-d'Or, série de la Chambre des Comptes.

A la fin table des noms propres.

TOME XCVIII. — COLLECTION DE DOM AUBRÉE, IX

In-4, vélin.

Copies de chartes françaises du XIIIᵉ siècle. — Fol. 378 à 500. Montre, en 1358, des seigneurs bourguignons, parmi lesquels on cite aussi les écuyers avec la couleur de leurs chevaux et le prix porté pour chacun d'eux (*curieux et à copier*); — fol. 300 à 329, extr. de deux rouleaux de la Chambre des Comptes de Dijon, concernant les actes de foi et hommage en 1315, ainsi que ceux de 1317 (*à copier*); — p. 337, documents pour la guerre de 1338-1340,

7*

au comté de Bourgogne entre le duc de Bourgogne
et Jean de Chalon ; paix faite par le roi alors à Dijon ; — p. 776-864, inventaire des biens et joyaux
après le décès de Marguerite de Flandre, duchesse
de Bourgogne, 1405.

TOME XCIX. — COLLECTION DE DOM AUBRÉE, X
In-4, vélin.

Documents, copies d'actes et analyses de pièces
de 1405 à 1575, principalement sur le règne de
Charles le Téméraire ; — p. 309, trahison découverte
à Dijon. Il est question de Fortépice, dont un com-
pagnon Trigneuse était alors près de Cravan (écriture de dom Aubrée).

TOME C. — COLLECTION DE DOM AUBRÉE, XI

Grand in-fol. parchemin (écriture de dom Aubrée).

Analyse des comptes du milieu du xiv° s. au milieu du xv° ; — de Dimanche de Vitel, receveur général, de la toussaint 1352 à 1367 ; — de Huet
Hanon, trésorier du duc, du 1ᵉʳ mai 1367 à 1370 ;
— de Robert d'Amancey, du 27 mars 1370 au dernier mars 1372 ; — d'Amiot Arnault, du 20 juillet
1372 au 1ᵉʳ juin 1386 ; — de Oudot Douay, du 1ᵉʳ
juin 1386 au 7 février 1388 ; — de Jean d'Auxonne,
du 7 février 1386 au 18 mai 1390 ; — de Pierre
Varopel, 1389-1391 ; — de Oudot Douay, gouverneur
de la recette générale commis en la place de Varopel, lequel avait fait divers desplaisirs au duc, du
14 février 1390 au 19 mai 1390 ; — de Guillaume Ba-

taille, du 14 février 1390 à mars 1393 ; — de Pierre
du Celier, receveur général, 1390-1392 ; — de Joceran Frepier, receveur général, 1393-1394 ; —
de Pierre de Montbertaut, receveur général et trésorier des finances, 1394-1397 ; — de Jean Despoulettes, receveur général, 1396-1397 ; — de Joceran
Freppier, 1396-1398 ; — de Jean Despoulettes, 1397-
1398 ; — de Joceran Frepier, 1398-1399 ; — de Jean
Despoulettes, 1398-1399 ; — de Joceran Frepier,
1399-1400 ; — de Guillaume Chénilly, 1400-1404 ;
— de Jean Chousat, pour huit mois et seize jours,
du 1ᵉʳ octobre 1403 au 16 juin 1404, ouquel jour
le corps de feu mons. Phelippes, dit le Hardy,
duc de Bourgogne, fut mis en terre en l'église
des Pères Chartreux en la ville de Dijon ; — de Guillaume de Chenilly, 1405-1409 ; — de Jean Chousat, conseiller trésorier, gouverneur et receveur
général 1405-1406 ; — de Jean de Pressy, 1406-
1409 ; de Jean de Noidant, 1409-1411 ; — de Robert
de Bailleux, receveur général de toutes les finances,
1412 ; — de Regnault de Thoisy, receveur général,
1412-1413 ; — de Joceran Frepier, de Chalon, conseiller, trésorier et receveur général, 1412-1413 ; —
de Jean de Noidant 1412-1414 ; — de Regnault de
Thoisy, 1413-1414 ; — de Pierre Macé, commis à la
recette générale des finances, 1413-1415 ; — de
Jean de Noidant, receveur général, du 1ᵉʳ janvier
1414 à fin décembre 1415 ; — de Jean Fraignot,
1415-1417 ; — de Jean de Noidant, 1415-1418 ; —
de Jean Fraignot, 1418 ; — de Jean de Noidant,
1418-1419 ; — de Jean Fraignot, 1418-1419 ; — de
Jean de Noidant pour deux mois et dix jours, du

1er juillet 1419 au 10 septembre de la même année ,
— p. 757, comptes de la Chambre aux deniers de
Guiot Le Jay, 1409-1410 ; — p. 767, comptes de
Guiot Le Jay, 1410-1417 ; — p. 773, id. ; — extr.
des comptes des bailliages d'Auxois, Autun, Dijon,
etc.

TOME CI. — COLLECTION DE DOM AUBRÉE, XII
Vol. in-4 relié en vélin.

Fol. 1-11. Dissertation de dom Aubrée sur les
anciens Bourguignons.

Fol. 13. Commencement d'une histoire du règne
de Philippe le Hardi par dom Aubrée [bien médio-
cre].

Fol. 43. Brouillon de ce même travail.

Fol. 61. Analyse du compte de Chousat (dom Aubrée).

Fol. 67. Anecdote sur la prise de Sens d'après un
manuscrit de la bibl. vaticane.

Fol. 69-70. Notes sur les monnaies de Bourgogne « Le roy Jean ayant réuni la Bourgogne à la
couronne après la mort de Philippe de Rouvres, fit
battre monnaie à son coing à Dijon, comme il pa-
roist par un compte de Dimanche de Vitel finissant
en 1362, et notant que maistre Jean Chalemart, conseiller et maistre des requestes de l'hostel du roy,
écrivit le 12 mars 1361 au grand maistre des monnoies à Paris pour envoyer en la monnoie de Dijon les ordonnances des monnoies d'or et d'argent,
le poids et l'aloy et des fers pour forger en ladite
monnoie. »

Fol. 79. Le roi Jean est à Talant le 27 juin 1363.

Fol. 79-87. Premières années du règne de Philippe le Hardi, documents et notes prises sur les comptes et bonnes à consulter.

Fol. 130. François le Goux commis à la recepte des terres de Montréal, Viulchâtel, Chastel-Gérard appartenant à messire Philippe Chabot, chevalier de l'ordre, admiral de France, gouverneur de Bourgogne, par son dit roy, d'après un rég. de 1547.

Fol. 158. Le roy donne à Antoine de Mandelot, seigneur de Pisy, le revenu de Chastel-Gérard, compte de Jean de Vurry, 1477.

Fol. 159. Id. d'après le compte de Jean Riboteau, 1486.

Fol. 177. Philibert de Vaudrey, seigneur de Mons, écuier d'écurie, établi par le duc capitaine du comté de Tonnerre et du chastel de Cruzy, par lettres patentes données à Lille le 16 oct. 1428. [Il était encore gouverneur du comté en 1433].

Fol. 318-322. Notes généalogiques sur les maisons de Goux.

Fol. 323. Note généalogique sur la famille d'Olivier de La Marche, Bertrand de La Marche, chevalier, 1304; son fils Guillaume, chevalier, époux de Marie d'Ayne, cousine du duc, fonda une chapelle à Villegaudin en 1399, ainsi que cela est prouvé par une lettre d'Olivier, évêque de Chalon, du 10 juin 1400, ratifiant ladite fondation.

Guillaume et Marie d'Ayne y furent enterrés. Son fils Guillaume, chevalier, bailly et maître des foires de Chalon, épousa Isabelle de Peloyer, comme il appert par lettres du duc Jean données à Lille le 16

septembre 1414 et le 14 septembre 1416 et la généalogie se termine par les Lenoncourt.

Fol. 194-301. Extrait de plusieurs arrêts et juge-
ments rendus, tant par MM. du conseil que MM. de
la Chambre des Comptes de Dijon.... présentations
des causes aux audiences desdits seigneurs, pour
servir de mémoire aux familles (écriture de Pérard)
[*Bon à publier*].

Fol. 147. Guillaume de l'Aigle, chevalier et chambellan du duc, est envoyé à Rhodes et à Athènes,
pour faire venir le chief de M. Saint-Georges et
aussi le corps de feu le seigneur de la Trémouille
(On ne dit pas à quelle date).

1401-1403. Le comte de Nevers avait 12000 fr.
de pension du roy et le comte de Rethel 6000.
Comptes de Chouzat ; — fol. 50, le duc avait accou-
tumé de prendre 200 escus par mois de ses rece-
veurs pour faire son plaisir et volonté ; — fol. 79,
Anthoine Monsieur, comte de Rethel, marié à Arras le
25 avril 1402, avec Mlle de Saint-Pol ; — fol. 79, 8 may
1403. Le duc donne à disner au roy, à la royne et à
plusieurs princes et princesses au chastel du Lou-
vre, et après le disné fist les présens qui s'ensuivent :
au roy un collier d'or avec un fermeillet pendant
garni d'un ruby au milieu, d'un gros diamant et de
trois grosses perles de prix de 1000 écus. Item un hanap et une aiguière d'or garnis sur les deux fretes
d'un saphir, quatre grosses perles et d'un balay du
prix de 700 escus. A la royne, un autre hanap et une
aiguière d'or, emaillez de plusieurs grans emaux, et
garnis d'un balay, huit grosses perles, et d'un saphir
du prix de 1000 écus ; à la royne d'Angleterre un

diamant en lozanges de 150 écus ; à la duchesse de
Guyenne, un ruby de 120 écus ; à la duchesse de
Bretaigne un diamant de trois lozanges de 150 écus ;
à dame Michiele de France un autre diamant à trois
lozanges de 120 écus ; à la dame de Préau cousine de
mon dit seigneur un autre diamant plat du prix de
80 écus ; à la cousine de mons. de Bavières un autre
diamant à trois quarré du prix de 80 écus ; à sa cousine d'Armaignac un autre diamant du prix de 60
écus, et à sa cousine de la Marche un diamant de
60 écus. Plus, aux comtesses de Nevers, de Rethel et
de Savoye ses filles trois diamants chacun de 200
écus ; à la femme Girard de Bourbon, un diamant de
26 écus. (Compte de Chouzat; fol. 260).

Le duc donne aussi au seigneur de Saint-George
douze tasses d'argent dorées pesant 20 marcs, du
prix de 200 francs d'or, à cause qu'il avait esté en
armes avec autres seigneurs à Paris, pour le secours
de monseigneur le duc ès mois de décembre et janvier 1400 ; — id. fol. 267.

1401. — Philippe, monseigneur de Nevers, Marie,
Jeanne et Catherine ses sœurs étaient à Dijon le
6 septembre 1401 (Compte de Jean de Moisson, fini
le dernier octobre 1401).

Tome CII. — collection de dom aubrée, XIII.

In-4 de 302 fol., dem.-parch.

Entièrement écrit par dom Aubrée. Chartes copiées in-extenso, rangées par ordre chronologique
de 1096 à 1295.

TOME CIII. — COLLECTION DE DOM AUBRÉE, XIV.
In-4 de 303 fol. dem.-parch.

Entièrement écrit par dom Aubrée. Chartes copiées in-extenso, rangées par ordre chronologique de
1300 au xvᵉ s.

2. Epitaphe de Marguerite, reine de Jérusalem et
de Sicile.

4. Reprise de fief de Jean de Chalon-Arlay, de
Philippe de France, 1311.

7. Testament de Robert de Decize, évêque de
Chalon, juillet 1315.

17. Lettre du roi à Eudes, duc de Bourgogne, pour
se trouver au jugement du comte de Flandre, *Paris*,
19 avril 1317.

27. Arrêt du roi Philippe en faveur de Pontigny,
contre Robert, comte de Tonnerre, avril 1333.

29. Lettre du duc Eudes, Troyes, mardi après la
Sainte-Luce, 1338.

30. De Jeanne, duchesse de Bourgogne, Montbard,
23 mai 1340.

31. De Hugues Des Granges, chevalier du duc,
Châtillon, 1346.

32. Du duc Eudes, Frolois, 25 mai 1347.

34. Du roi Jean, Paris, 1350, mars.

35. Du roi Jean, Paris, 1354, 2 juin.

42. De Jeanne, reine de France, Dôle, 9 janvier 1359.

43. Du roi Jean, Beaune, 20 janvier 1361.

48. Testament de Jean de Saulx, seigneur de Courtivron, chancelier de Bourgogne, 25 janvier 1379.

74. Dénombrement de Cruzy-le-Chastel, 1393.

75. Dénombrement de Tonnerre, 1393.

133. Copie des attentats commis en Bourgogne par les Armagnacs en 1428.

142. Reddition du château de Grancey, 1434.

217. Manière de nommer les échevins à Tonnerre xvᵉ s. ?

253. Note sur les bouteurs de feu et écorcheurs du Dauphin, 1444.

Tome CIV. — collection de dom aubrée, XV.
In-4, dem.-rel. parch.

Extraits des registres de comptes de la Chambre des Comptes de Dijon ; comptes de Dimanche de Vitel, receveur général, 1352-1358 ; comptes examinés en 1336 par le sire de Blaisy et Jean Aubriot, archidiacre du Dijonnais, chancelier de Bourgogne ; comptes de Dimanche de Vitel, 1364-1365 ; de Huet Hanon, trésorier du duc, 1368-1369 ; — de Robert d'Amancé, 1370 ; — d'Amiot Arnault, 1370-1386 ; — de Jean d'Auxonne, 1388 ; — du fol. 70 à 177 (manuscrit de Pérard), comprenant : les comptes des aides, subsides et emprunts, impositions des gens d'église à cause des sommiers qu'ils doivent au duc ; comptes des domaines des différents bailliages, des fouages, aides, etc. [en tout 107 fol.] ; — au fol. 178 [écriture de Dom Aubrée], compte de l'Autunois ; — fol. 190, contrôle de la dépense ducale par Étienne de Heiz, aumônier du duc, dès 1389 ; — fol. 194-207, extr. sommaire du compte de Pierre de Gorremont, receveur général de toutes les finances du Roy par

tout son royaume, à ce commis et étably par la Reyne,
ayant pour l'occupation du Roy l'administration et
gouvernement de ce royaume, depuis le 14 janvier
1417 jusqu'au 1er janvier 1419 ; — fol. 248-250, compte
de Guiot Le Jay, maître de la chambre de la duchesse,
1406-1417 (séjours de la duchesse) ; — fol. 306-321,
18 fol. (de la main de Pérard), comptes des subsides
et des aides octroyés au duc de Bourgogne, 1475
et suiv.

Tome CV. — collection de dom aubrée, XVI
In-4 de 207 fol. dem.-rel.

Vol. écrit entièrement par dom Aubrée.
1. Registre des fiefs du bailliage d'Autun et de
Montcenis, analyse des chartes.
16 bis. Registres des fiefs du bailliage d'Auxois,
analyse des pièces.
41. Analyse des pièces concernant le bailliage de
Chalon, mai 1267, Bertrand de Montaigne rend hom-
mage pour Serville.
Fol. 65. Analyse des pièces du bailliage de Dijon.
Fol. 123. Analyse des chartes du bailliage de la
Montagne.
Très bon recueil à comparer.

Tome CVI. — collection de dom aubrée, XVII.
In-4 de 196 fol. in-4 dem.-rel. vel.

Entièrement de dom Aubrée.
Etat des officiers des ducs de la seconde race
[même nature de documents que ceux du tome XXII.

et que ceux publiés sous le nom de l'abbé des Salles,
en 1729 : *Mémoires pour servir à l'Histoire de
France et de Bourgogne*, ouvrage qu'il faut attribuer
à dom Aubrée].

TOME CVII. — COLLECTION DE DOM AUBRÉE, XVIII.
In-4 de 310 fol., dem.-rel. vel.

Presque entièrement de la main de Pérard, sauf
quelques notes de dom Aubrée.
Fol. 2. Autunois, comptes de l'Autunois (Pérard).
Fol. 47. Comptes de l'Auxerrois (Pérard).
Fol. 67. Comptes de l'Auxois (Pérard).
Fol. 105. Comptes de Bar-sur-Seine (Pérard).
Fol. 121. Comptes de Chalon-sur-Saône, Mont-
cenis (Pérard).
Fol. 172. Comptes du Charollais.
Fol. 182. Comptes de Châtillon-sur-Seine (Pérard).
Fol. 214. Liste des maires de Dijon (dom Aubrée).
Dominique Bigot, 1215-1228 ; 1260, Bertrand Pele-
rin; 1268, Guillaume Pelerin.
Fol. 271. Comptes de Chalon-sur-Saône (Pérard).
Fol. 299. Comptes de Mâcon (Pérard).

[Volume des plus précieux — dont beaucoup de comptes
ont disparu, et qui mériterait d'être publié en entier].

TOME CVIII. — COLLECTION DE DOM AUBRÉE, XIX.
In-4, de 228 fol. dem.-parch.

Entièrement de la main de dom Aubrée.
Chartes copiées in-extenso, rangées par ordre
chronologique du IXe siècle au XIIIe s. — Copie des

chartes relatives à Corbigny (publiées par M. de
Charmasse), de Saint-Vincent de Mâcon; — fol. 163,
copie des titres concernant la donation de la seigneurie de Marcenay à l'abbaye de Molême, —
chartes de Saint-Bénigne de Dijon ; — fol. 227, 228,
ext. de l'obituaire de l'abbaye de Theuley.

TOME CIX. — COLLECTION DE DOM AUBRÉE, XX.

In-fol. de 244 fol. dem.-rel. parch.

Entièrement de la main de dom Aubrée.
Copies in-extenso de chartes du xiii⁰ et xiv⁰ siècle,
rangées par ordre chronologique; ces chartes pro-
viennent soit de la chambre des comptes de Dôle
soit de celle de Dijon.

TOME CX. — COLLECTION DE DOM AUBRÉE, XXI.

In-fol. de 284 fol. dem.-rel. parch.

Entièrement écrit par dom Aubrée.
Copies in-extenso de pièces du xv⁰ s., rangées par
ordre chronologique.

TOME CXI. — COLLECTION DE DOM AUBRÉE, XXII.

In-fol. de 136 fol. dem.-rel. parch.

[Entièrement écrit par dom Aubrée.]
Copies in-extenso de pièces relatives à Saint-
Martin d'Autun et à Saint-Pierre-le-Moutier, rangées
chronologiquement.

TOME CXII. — COLLECTION BERNARD PROST.

In-fol. de 303 fol. rel. veau anc.

Registre des délibérations plus récentes des Es-
tats-généraux de la Franche-Comté, commencement
du XVIIe siècle.

TOME CXIII. — COLLECTION BERNARD PROST.

In-fol. de 844 f. rel. veau anc.

Notes sur la coutume du comté de Bourgogne par
M. Jobelot, premier président au Parlement de Besançon.

TOME CXIV. — COLLECTION BERNARD PROST.

In-4 de 206 fol. rel. veau anc.

Délibérations et règlements intérieurs du palais
de Besançon par Poupon, avocat au Parlement.

TOME CXV. — COLLECTION PROST.

In-4 de 203 fol. anc. rel. veau.

Recueil des arrêts de M. Terrier, conseiller au
Parlement de Dôle, ès années 1639, 1640, 1641 et
suivantes.

TOME CXVI. — COLLECTION PROST.

In-4 de 322 fol.

Bibliothèque de la Bourgogne séquanoise.

TOME CXVII. — COLLECTION PROST.

15 fol. in-fol. dem.-parch.

Chartes de Philippe le Hardi, 1403; — de Jean
sans Peur, 1412; — de Philippe le Bon, 1422; —
de Jean sans Peur, 1412; — de Philippe le Bon,
1453, 1454; — de Charles le Téméraire, 1468.

TOME CXVIII. — COLLECTION PROST.

99 fol. in-fol. dem.-parch.

Impositions de Franche-Comté, 1782-1783.

TOME CXIX. — COLLECTION PROST.

Abbayes et prieurés de Franche Comté.

TOME CXX à CXXIX. — COLLECTION PROST.

Pièces diverses sur la Franche-Comté.

———————

*Dans les inventaires des richesses que possèdent les
Bibliothèques de Paris sur la Bourgogne, nous si-
gnalerons ailleurs d'autres manuscrits provenant
encore de Dom Aubrée et des travailleurs bourguignons, manuscrits qui auraient pu trouver leur
place dans la collection de Bourgogne.*

Vausse, juillet 1896.

ERNEST PETIT.

DIJON. — IMPRIMERIE DARANTIERE, RUE CHABOT-CHARNY, 65

www.ingramcontent.com/pod-product-compliance
Lightning Source LLC
Chambersburg PA
CBHW052121090426
42741CB00009B/1898